本书受北京第二外国语学院2013年"专业建设—专业综合改革试点—旅游管理专业（374022）"项目资助。

餐饮管理案例集

FOOD AND BEVERAGE
MANAGEMENT CASES

马双 陈阳 ◎ 主编

北京·旅游教育出版社

责任编辑：果凤双

图书在版编目（CIP）数据

餐饮管理案例集 / 马双，陈阳主编. -- 北京 ：旅游教育出版社，2018.5
　ISBN 978-7-5637-3724-6

　Ⅰ．①餐… Ⅱ．①马… ②陈… Ⅲ．①饮食业—企业管理—案例 Ⅳ．①F719.3

中国版本图书馆CIP数据核字(2018)第082156号

餐饮管理案例集
马　双　陈　阳　主编

出版单位	旅游教育出版社
地　　址	北京市朝阳区定福庄南里1号
邮　　编	100024
发行电话	（010）65778403　65728372　65767462（传真）
本社网址	www.tepcb.com
E - mail	tepfx@163.com
排版单位	北京旅教文化传播有限公司
印刷单位	北京市泰锐印刷有限责任公司
经销单位	新华书店
开　　本	710毫米×1000毫米　1/16
印　　张	8.5
字　　数	116千字
版　　次	2018年5月第1版
印　　次	2018年5月第1次印刷
定　　价	35.00元

（图书如有装订差错请与发行部联系）

参与编制者

白奔　刘钦　李超然　黄伟　王静
程家鑫　刘玲燕　刘春燕　靳秀娟　王智豪
崔文君　张原源　庞德慧

参与编制者

白奔　刘钦　李超然　黄伟　王静
程家鑫　刘玲燕　刘春燕　靳秀娟　王智豪
崔文君　张原源　庞德慧

序　言

这是一个创新的时代，也是一个变化的时代。由于消费观的升级、智能科技的应用、外卖的崛起，餐饮行业品牌创新、自我升级现象层出不穷，甚至带动整个行业的变革。在餐饮管理方面，越来越多的企业开始切入供应链的管理（如滴滴切入外卖行业），新入行的老板越来越年轻化，学历也越来越高。在餐饮战略方面，中餐出海成为新潮流，餐饮公司打破A股无上市困局。与此同时，餐饮团购网站的存在、大数据获取技术的发展，让我们更能科学地分析餐饮行业的数据，了解消费者的偏好。比如根据大众点评上北京地区的数据，我们会得出一些比较有趣的结论：朝阳区的群众比较洋气，不仅是餐厅的种类偏西餐，且消费者消费水平也最高。京郊旅游的发展造就了农家饭占比大、数量多的局面，京郊的农家饭也较受欢迎。

通过这些餐饮的新趋势，本书收集了12个案例来分别看传统的餐饮企业制胜法宝和目前创新的新餐饮企业要如何站稳脚跟。本书分析了外婆家制胜的战略，外婆家已成立20年，性价比高，年轻时尚是它的特点。呷哺呷哺成立25年，本书细数其发展历史，也分析了其发展中的独特之处，呷哺呷哺是想打造休闲火锅的未来。井格火锅成立于2006年，创始人为弘扬正宗的重庆火锅发展而来，现欲将其打造为平台，并创立了子品牌，其发展过程曲折波澜，其他火锅企业可以借鉴它的发展经验。这3家传统餐饮企业目前来看在市场上站稳了脚跟，但管理者们也是在这个过程中不断摸索和创新。其他9个案例中涉及的企业较多，有跨界餐饮的宜家餐厅、古驰餐厅、很高兴遇见你和热辣壹号，有互联网餐饮企业盒马鲜生、伏牛堂、智能化的西贝莜面村、未来餐超以及无人餐厅。他们代表着餐饮行业中的新鲜血液，不仅丰富着餐饮行业的业态，而且推动了餐饮行业的变革。

本书想通过这些案例对目前的餐饮行业总体趋势有所了解，也希望其他餐饮企业从中借鉴到有用的经验，让本书的价值得到发挥，我们所做的努力就没有白费。

2018年3月3日

目 录
CONTENTS

第一篇 餐饮行业总体发展趋势

第一章 新餐饮新在何处 ··· 3
    一、新变化 ··· 3
    二、新管理 ··· 5
    三、新战略 ··· 6

第二章 基于大众点评平台在北京的餐饮趋势分析 ················· 8
    一、北京市餐饮市场概况 ··· 8
    二、各区价格与点评数量分析 ······································· 10
    三、按店铺分类和店铺所在区得到的顾客偏好 ················· 12

第二篇 案例集

第一章 传统餐饮的突破之路 ·· 19
    一、外婆家：连锁发展过程中的品牌经营与致力创新 ········ 19
    二、呷哺呷哺——打造休闲火锅的未来 ·························· 28
    三、井格的发展之路——从个体到平台的思维转变 ··········· 39

第二章 创新餐饮的摸索之路 ·· 45
    第一节 共享经济＋平台 ··· 45
        一、国内外共享餐饮平台案例研究 ······························· 45
        二、从"回家吃饭"看美食共享之忧 ······························· 56

三、美团外卖：餐饮外卖O2O行业的后起之秀 …………………… 63
第二节　跨界餐饮 …………………………………………………… 69
　一、跨界营销，吃的就是这个"范儿" ………………………… 69
　二、当餐饮企业遇上明星投资 …………………………………… 84
第三节　餐饮＋互联网 ……………………………………………… 95
　一、盒马鲜生：行走在"零售＋餐饮"的风口 ………………… 95
　二、伏牛堂——"霸蛮"的社群营销之路 ……………………… 108
　三、餐饮行业线上线下一体化智能管理利弊发展 ……………… 116
　四、无人餐厅——是噱头还是近未来 …………………………… 122

第一篇　餐饮行业总体发展趋势

第一篇　餐饮行业总体发展趋势

世界变化很快,即使是传统的餐饮行业在过去的几年里,也发生了很大的变化。我们在这里为大家总结了近年餐饮行业的一些新变化、新战略和新的管理方式。本部分包括两小章节:第一章节阐述餐饮行业新在何处;第二章节利用大数据以北京为数据来源地收集消费者的餐饮数据,描述了消费者的餐饮消费偏好。

第一章 新餐饮新在何处

【摘　要】近两年来,餐饮行业出现了一些新现象,推动着餐饮行业的变革。本章节总结了餐饮行业的新变化、新管理、新战略等现象,对餐饮行业的总体趋势进行介绍。消费升级、品牌创新、外卖崛起、智能科技等新变化,供应链管理、老板年轻化等新管理,中餐出海、公司上市等新战略构成了我们餐饮行业的新趋势。

【关键词】新变化;新管理;新战略

一、新变化

1.消费观升级,年轻消费者更注重品质

根据CBNData联合30家数据源合作伙伴共同发布的《2017中国互联网消费生态大数据报告》显示[①],在2016年出现的追求品质化趋势的基础上,2017年消费者的品质化消费需求再次升级,越发关注提升生活品质的小细节,使得垂直细分的小品类更受欢迎。在餐饮行业中的表现即为打造小品类、单品的餐饮企业越来越多,爆红的网红店也大多是单品店,凭借易复制、效率高、性价比高、产品特色鲜明等特点吸引眼球,冒菜、小面、小龙虾,甚至是猪蹄,都可以经简单快速包装后成为排队长、有口碑的网红店。

---

① 谢康玉.媒体2017年消费观升级:个性化消费普及、从价格到价值导向、追求细分小品类[EB/OL].(2017-12-20)[2018-01-15].http://www.tmtpost.com/2979396.html.

2.品牌创新无休无止，餐饮革命势在必行

海底捞换 logo，打造全新形象、呷哺呷哺装修升级，加入古代元素成就新呷哺、外婆家探索餐饮"买手店"……2017 年，这些传统餐饮品牌都进行了自我升级、自我革命。市场瞬息万变，餐饮品牌的生命周期缩短，传统餐饮品牌如果不提高警惕避免"中年危机"，进行自我革命的话，很容易就被市场淘汰。

除了传统餐饮品牌的自我升级，2017 年出现的餐饮新零售也走在了餐饮行业的风口上。从共享厨房的"回家吃饭"到共享场地的餐饮版 Wework 的三巨头熊猫星厨、吉客联盟和食云集，他们都从互联网＋平台的角度出发，对共享和赋能进行深层次的探索，从生产层面、消费者层面到管理运营层面都进行了改革升级。另外，阿里的"超市＋餐饮"布局，盒马鲜生 2017 年已有 20 多家线下体验店，还有永辉超市的鲑鱼工坊、盒牛工坊，以及京东的 7fresh，这些"零售＋餐饮"的新模式出现，使餐饮业态更加丰富。

3.餐饮 O2O 成为新趋势——外卖的崛起

2017 年 8 月饿了么合并百度外卖，自此饿了么与美团外卖在外卖市场上双足鼎力。外卖平台的竞争白热化，加之消费者的消费行为转变，根据美团点评研究院的《2017 中国外卖发展研究报告》显示①，用户的外卖选择正在从单一的餐饮品类扩展到全品类，其中生鲜果蔬、甜点饮品、生活超市等类目的订单量正在快速增长，增长率均高于 200%。并且美团外卖平台中，超过 1/4 的订单来自于品牌商户。品牌餐饮如果不发展外卖，将丧失大量的用户。当然，淘汰郎、叫了个鸡、二十五块半等只专注于做外卖的品牌也是外卖市场中的重要部分。

4.智能科技改变餐饮行业

2017 年的新技术出现对餐饮行业的改变主要表现在 VR、AI 技术在餐饮营销中的应用、自主点餐、自助支付技术的普遍应用、无人餐厅的兴起、智能餐饮 SaaS 管理系统的爆发使用等。②

2017 年 10 月的云栖大会上，由口碑与蚂蚁技术实验室、支付宝 AR 团队共同打造的"未来智能餐厅"，在上菜时，可看到绚丽的 AR 互动效果，增强消费

---

① 美团点评《2017中国外卖发展研究报告》：你的生活正被外卖改变［EB/OL］.（2018-01-10）［2018-01-15］.http://city.sina.com.cn/invest/t/2018-01-10/175120507.html.
② 2017餐饮业智能化新技术应用盘点［EB/OL］.（2017-12-28）.［2018-01-15］.http://www.retail-it.cn/html/meida/canyin/2017/1225/1030.html.

者的体验效果。微信、支付宝纷纷接入餐厅的点菜系统,落座后扫码点菜、扫码支付已成为常态。2017年是移动支付迅速发展的一年,餐厅的运营管理也因移动支付更加方便简捷。2017年11月9日,德克士首家无人智慧餐厅在上海开业,通过与微信支付合作,主打"无人自助式"体验服务。智能餐饮SaaS管理系统在2017年正式进入爆发期,成为餐饮企业的得力助手,融入预订、点餐、收银、外卖等环节,能够有效提升餐业饮经营效率,减少人力成本。

二、新管理

1. 大型连锁餐饮企业切入供应链管理

餐饮行业中的三高,租金高、人力成本高、原材料成本高,一直都是困扰餐饮人的三座大山。尤其是在近年租金和人力成本提高之后,餐饮行业都在思考如何从原料成本高入手来降低成本。经营店面达600家的黄记煌认为"餐饮供应链,很可能是解决目前中国餐饮企业成本、管理以及食品安全等诸多议题的关键切入点。"黄记煌抢先入局餐饮供应链,被业内人士看作是"无法复制"的供应链模式。除此之外,海底捞、西贝、真功夫等都尝试着向供应链端延伸。目前,国内餐饮供应链主要包括产地源头直供模式、批发市场自采模式、第三方专业服务模式等三种服务模式。黄记煌从物流、供应商选择方面严格控制标准,甚至建立了自己的调味品生产基地。

2017年的餐饮管理除了对供应链的切入,中央厨房也成为大部分连锁企业的标配。中央厨房可以降低加工的材料以及费用的损耗,还可以解决一定比例的标准化的操作,这为连锁企业规模化扩张提供了加速器。

2. 新入行餐饮老板年轻化、学历高

新入行的餐饮创始人都是年轻且高学历的80后、90后,这不同于传统的餐饮老板都是白手起家,靠经验来做餐饮。年轻的创始人带着活力和创意,采用新的产品模式,新的运营方式,新的融资方式……这些都让餐饮行业因为他们而呈现出焕然一新的局面。

北大和港大双学位的美女学霸王令凯,创立了国内首个以沙拉作为主食的餐饮品牌——米有沙拉;还有卖米粉的北大硕士张天一、好色派沙拉创始人肖国勋(毕业于中山大学)、大虾来了创始人戴金胜(毕业于清华大学)、遇见小面创始人宋奇（毕业于华南理工大学）、西少爷肉夹馍的孟兵（毕业于西安交通大学），等等，无不是985/211等院校毕业的"高级知识分子"。这些创始人本身就是如今餐饮市场上的主力之一，他们更能让自己的产品贴近消费者，了解消费者的需求，并能创新出新的产品模式和运营方式，这也让投资方更青睐他们。经过几年的发展，这些新的餐饮品牌比如伏牛堂、西少爷，都成了新式餐饮企业中的领先者。

三、新战略

1. 中餐出海成为新潮流[①]

我国餐饮企业出国开店已有三次潮流，2017年可谓是中餐出海的第四次潮流。第一次可追溯到160至190年前，由当时我国广东、福建等地移民在欧洲、美国创办的中餐馆。第二次浪潮则是在我国改革开放之初，包括全聚德、东来顺等在内的一批国营知名企业，走出国门尝试开拓海外市场。第三次浪潮则集中在2013至2015年左右，以花家怡园、眉州东坡等为代表的知名中餐民营企业开始走国际化路线，以期提升自身品牌价值。第四次就是2017年以小吃为代表的中餐出海：7月，主营京味菜的局气餐厅在澳大利亚悉尼开设分店；8月，庆丰包子在哈萨克斯坦落地首家海外店，马子禄牛肉面登陆日本东京；9月，杨铭宇黄焖鸡米饭在美国加州塔斯廷市开业；12月，大董纽约店、探鱼海外首家餐厅新加坡店同日开业……

2. 餐饮公司打破A股无上市困局

2017年，我国的餐饮企业上市情况比以往几年较好，广州酒家于2017年5月23日上市，打破了A股餐饮行业8年无公司上市的局面。目前同庆楼餐饮已处于预先披露状态，即将迎来IPO上会审核，同样广州九毛也进入了IPO已反馈状态，同时百富餐饮、北京华卓餐饮也已经开启了IPO上市辅导。除了A股，还有6家企业即小六汤包、顺风股份、千吉莱、咖啡之翼、优鼎优、金百万，相继登陆新三板。目前新三板企业有22家，包括：百富餐饮、紫罗兰、优格花园、粤珍小厨、望湘园、红鼎豆捞、华鼎团膳、伊秀股份、香草香草、丰收日、洛阳

[①] 胡茵瑛.不谈餐饮倒闭盘点，我来谈谈2017年餐饮有哪些行业变化［EB/OL］.（2018-01-02）［2018-01-16］.http://www.canyin88.com/zhuanlan/huyin_/2018/0102/57092.html.

餐旅、华磊股份、佳客来、新五心、小尾羊、幸运时间、小六汤包、顺风股份、千吉莱、咖啡之翼、优鼎优、金百万。

餐饮企业上市面临着众多的困境，先天不足，如餐饮企业标准化较难，经营状况不稳定，财务不透明，以及不想公开秘方等，这些都让餐饮上市难上加难。但通过政府营改增之后促进企业升级规范，让餐饮企业的上市之路走得更轻松了。

第二章 基于大众点评平台在北京的餐饮趋势分析

【摘　要】互联网让我们的生活无比方便，同时也积累了海量的数据。在我们的身边众多的餐饮店铺中快餐店的数量最多，也是较为经济实惠的选择；朝阳群众爱吃西餐；京郊农家菜分布广泛；火锅、烧烤和川菜是所有人都喜爱的大众美食；请朋友吃日本料理之前要仔细地考虑一下价格，等等，这些仅仅是数据揭示的大量有趣的现象中的一小部分。在通过数据挖掘更多信息的同时，隐藏在这些现象背后的原因也值得人们去思考。

【关键词】大数据；北京；美食类型；美食价格

截止到2017年8月，我们从大众点评网获取北京市共59495家公开的餐厅数据。数据结果显示：1.北京市的餐饮市场各区间存在很大的差异，这些差异与各区的市场规模（人口数）相关；2.不同的分类间也存在着很大的差异，这些差异与不同类型的餐饮企业的经营模式相关，也与不同类型的餐饮企业的价格相关；3.小吃快餐、面包甜点、川菜、火锅、烧烤是大众普遍喜爱的类型；4.各区的餐饮业按照北京市功能区的规划有序发展；5.京郊地区的民俗旅游带动了当地农家菜馆的发展。

一、北京市餐饮市场概况

这些餐饮店铺分布在北京16个区，据数据显示，其中共26个类别。收集到的各区店铺数量如图1所示：

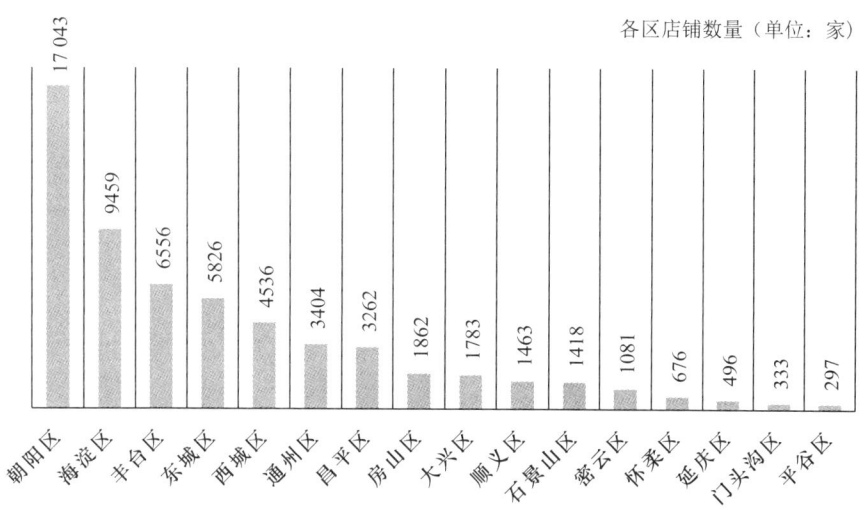

图 1　北京地区店铺数量

由图 1 可以看出，在相同的数据检索方式和收集方式下，各区的店铺数呈现很大差异。按各区统计局公布的 2016 年末常住人口计算，店铺数量与各区常住人口高度相关，如图 2 所示。

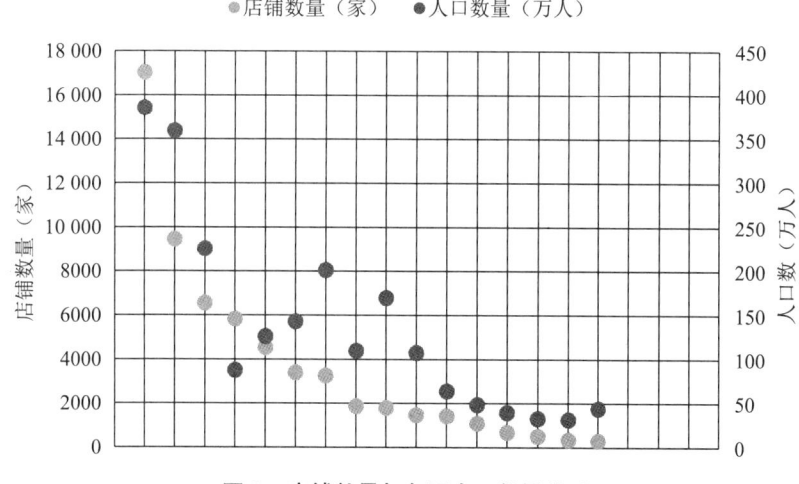

图 2　店铺数量与各区人口数量关系

各区人口的数量可以反映出该区域的市场规模。考虑到市场中商品的供给量应符合市场的需求量，所以可看作是各区的市场规模不同导致了店铺数量的差异。

按照北京市各行政区功能发展规划，从各区店铺数量的数据中还可以发现，各个功能区的餐饮业是按照规划有序发展的，其中人口密度较大的城市功能拓展区及首都功能核心区的餐厅数量分布较多。

按照餐饮店铺在大众点评的分类（可称之为"点评分类法"），全市共有26个类别，其主要构成如图3所示：

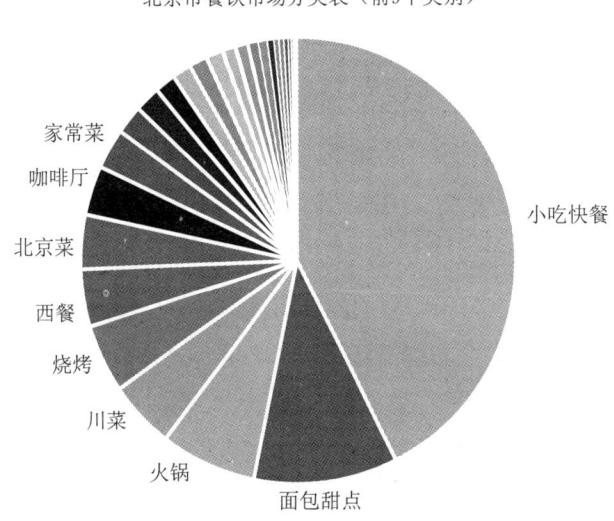

图3　北京市餐饮市场分类

由图3可以发现，在全市范围内，普遍占比最多的是"小吃快餐"和"面包甜点"，"火锅""川菜""烧烤"也十分流行。

二、各区价格与点评数量分析

从各区的餐饮数据中可以发现价格的差异，如图4所示：
而不同的类别平均价格也存在着很大的不同：
由图5我们可以看出"日本"菜是最贵的，而"粉面馆"和"小吃快餐"是相对较便宜的。

各区的点评数量也存在差异，图6显示了各区店铺平均点评数量的差异（暂缺门头沟区及平谷区的相关数据）。

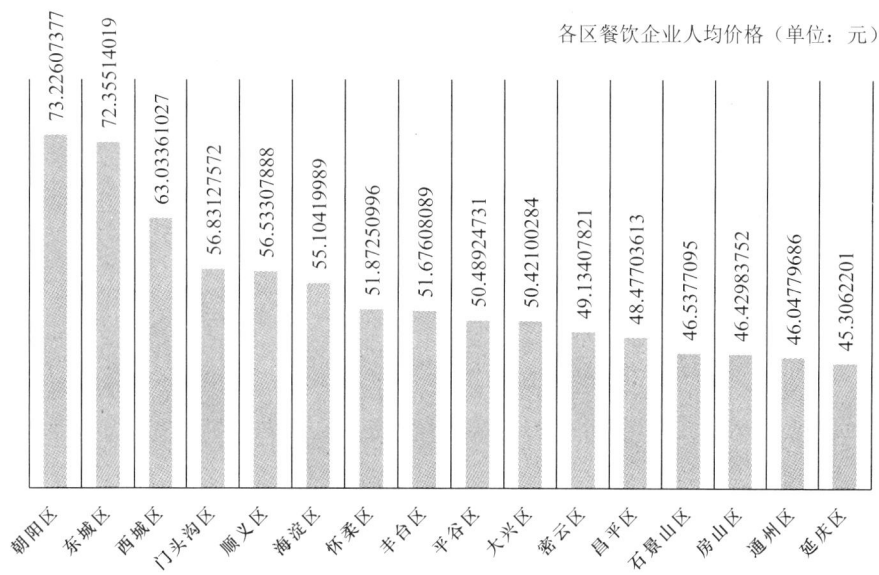

图4 北京市各区餐饮企业人均价格

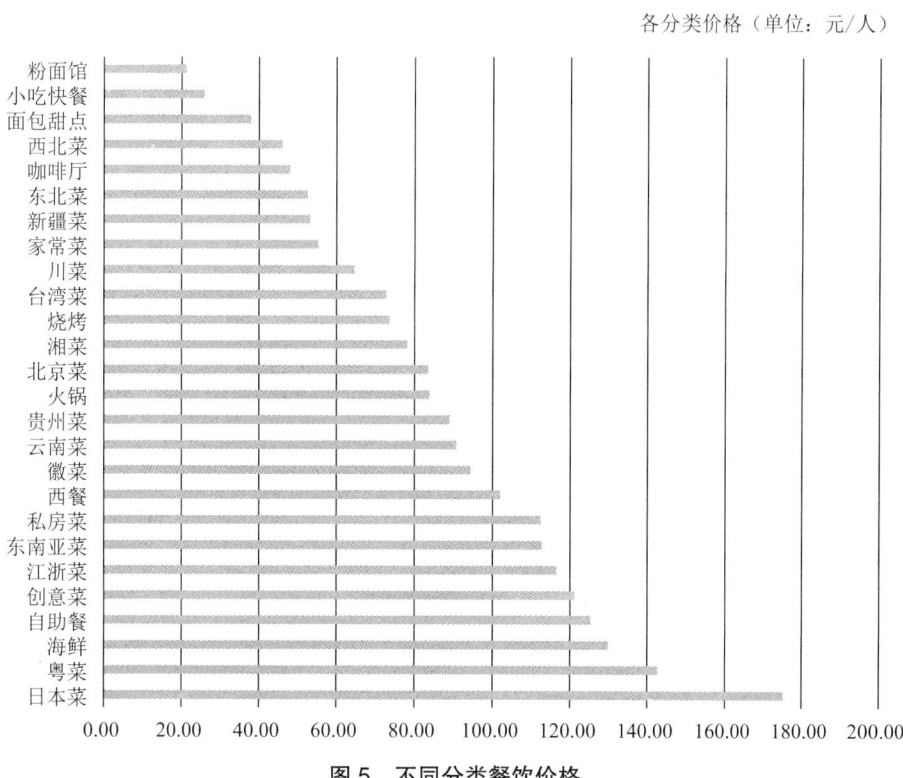

图5 不同分类餐饮价格

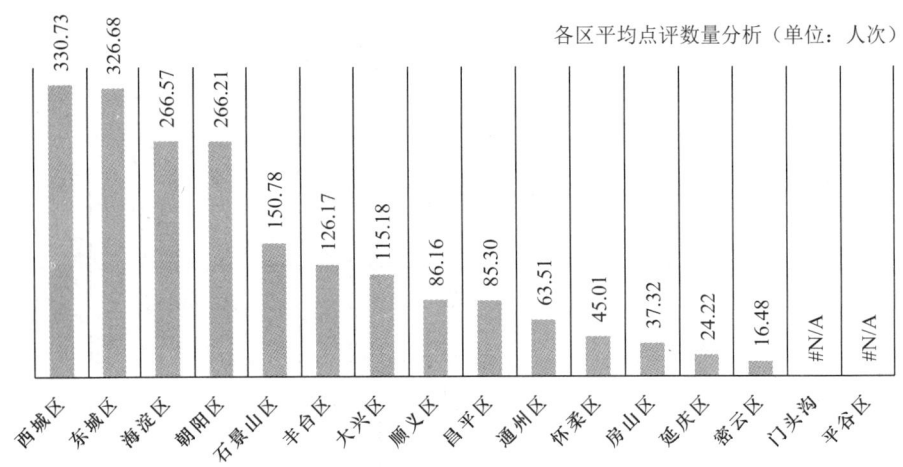

图 6　北京各区平均点评数量

由图 6 可以看出，仍然是西城、东城、海淀、朝阳等中心城区的数值较高。点评数量的不同可以说明在不同地区的市场中的两方面差异：其一是销量的不同。虽然不能明显地通过数据得知餐饮店铺的具体客流量及销量，但是在假设来店顾客参与点评的比例一致时，不同店铺和不同地区的销量差异就显现出来了。其二是对网络口碑的重视程度不同。当聚焦于若干单独的店铺进行观察时，可以通过点评数量的不同大致推测出其对于网络口碑重视程度的不同。一般而言，重视网络口碑的店铺会通过一定的营销手段，吸引顾客积极参与店铺的网络评价，进而使点评数量增加。因此，我们可以通过这组数据推断出，中心城区的餐饮店铺销量更高、客流量更大，同时有更多的商家积极参与到网络口碑的建设中。

三、按店铺分类和店铺所在区得到的顾客偏好

按各类别餐饮店铺数量占该区全部店铺数量的百分比计算，在全部 26 个类别中，取各区的前五名，如表 1 所示：

表 1　北京各区店铺数量占比

	No.1	No.2	No.3	No.4	No.5
朝阳区	小吃快餐	面包甜点	火锅	西餐	川菜
昌平区	小吃快餐	火锅	面包甜点	烧烤	川菜

续表

	No.1	No.2	No.3	No.4	No.5
大兴	小吃快餐	面包甜点	火锅	烧烤	川菜
东城区	小吃快餐	面包甜点	火锅	咖啡厅	川菜
房山区	小吃快餐	面包甜点	火锅	北京菜	烧烤
丰台区	小吃快餐	面包甜点	火锅	川菜	烧烤
海淀区	小吃快餐	面包甜点	火锅	川菜	烧烤
怀柔区	小吃快餐	北京菜	火锅	面包甜点	烧烤
密云区	小吃快餐	火锅	北京菜	面包甜点	家常菜
石景山区	小吃快餐	面包甜点	火锅	川菜	烧烤
顺义区	小吃快餐	面包甜点	火锅	烧烤	北京菜
通州区	小吃快餐	面包甜点	火锅	烧烤	川菜
西城区	小吃快餐	面包甜点	火锅	川菜	北京菜
延庆区	小吃快餐	火锅	面包甜点	北京菜	家常菜
平谷区	小吃快餐	北京菜	火锅	烧烤	面包甜点
门头沟	小吃快餐	火锅	烧烤	北京菜	川菜

从表 1 中我们还可以得到这些有趣的信息：

1. "北京人民很忙"

按照点评分类法，在各区的排名中，"小吃快餐"的占比排在各区之首，而"面包甜点"在全市 10 个区中占据第二名的位置，也是广受欢迎。

就"小吃快餐"而言，可以从需求侧与供给侧来分析其占比如此之高的原因。

从需求侧来看，这在一定程度上反映了北京地区的消费者对小吃和快餐的偏好——更快的速度、更低的价格。小吃和快餐的服务流程的耗时更短，流水线化的菜品生产使得价格更低（"小吃快餐"全市均价 25.93 元，在全部 26 个类别中排第 25 名）。更加符合人们快节奏的生活方式，和对低价的要求。所以更受"忙碌的北京市民"的欢迎。

从供给侧来看，"小吃快餐"占据如此众多的市场份额，更重要的是与其自身的经营模式和特点密切相关。小吃和快餐与其他类别的餐饮企业相比，在菜单设计、原材料采购、储存、发放以及菜品的生产上更加标准化，整个生产流程更容易复制，更依靠连锁经营。连锁经营产生（或者说是复制出）更多的店铺，所以使得整个餐饮市场小吃快餐所占的比重更大。

就"面包甜点"而言，其有别于传统的餐饮企业，不受大众一日三餐的时间限制，可以在任何时间享受。而且基于这样的特点，面包甜点大部分不仅满足人们对于吃饱饭的需求，更多的是满足人们休闲的需求，同时也能满足人们社交聚会的需求。其需求与大众对传统餐饮企业一日三餐需求的重合较小，不能简单地放至同一市场中对比。

2. 川菜、火锅和烧烤较受欢迎

在北京市总排名以及各个区的排名中，"川菜""火锅"和"烧烤"均各占有一席之地。很明显，大家都爱吃川菜、火锅和烧烤。这个结论不但可以从这个数据中发现，还可以在人们的日常生活中很容易地观察到。川菜以其独特的麻辣口味，带给人们味觉上的刺激，广受人们（尤其是年轻人）的欢迎。而火锅和烧烤更是亲友聚会、朋友聚餐的首选，除了肉类的美味，在半自助的就餐体验中，通过亲自动手参与到食物的烹饪过程中，增加了与朋友们的互动机会，拉近了人们的距离，增进了同桌人的情感。而对于生产经营者而言，经营烧烤和火锅的店铺也会相对更加容易。因为这两个类别的餐饮企业在菜品的生产环节被极大地简化，更多的是将原材料（生肉、调料）直接发放给消费者。而流程的简化也使得连锁经营更加容易，因为菜品的生产环节在上文提到的餐饮企业生产的各个环节中是最难标准化的（制定标准困难，执行标准也不容易）。

3. 洋气的朝阳群众

如果在你的眼里，朝阳群众还是那些带着红袖标的退休老人们组成的情报组织，那就是没有认识到真正的朝阳群众。从这次的餐饮企业数据来看，朝阳群众也是最"爱吃"的。朝阳区在北京市中常住人口数量排在全市之首，也有着全市最多的餐饮店铺。而且比较各区餐饮店铺的均价，朝阳区也以73.23元/人的均价，位居全市第一。

朝阳区的餐饮数据还显示出另外有趣的一点——"西餐"的店铺占比高达6.37%，占全区各类别排名的第四位，仅次于"小吃快餐""面包甜点"和"火锅"，也高于其他各种细分的"中餐"；横向来看，其他各区"西餐"排名普遍位于 6~15 位，朝阳区的西餐类店铺占比明显高于其他区。可以这样理解，朝阳群众相比于其他区的消费者，对西餐的接受程度更高，可以说很"洋气"。从价格来看，全市西餐类店铺均价 101.98 元／人，朝阳区的西餐类店铺均价为 118.43 元／人，仅次于东城区的 146.87 元／人，可真的不算便宜。由此可见，朝阳区的消费者在饮食方面相对有更高的消费能力，相对能接受更高的价格。

4. 来京郊吃农家饭

北京的生态涵养发展区（门头沟、怀柔、密云、平谷、延庆五区，也就是人们习惯称呼的"京郊"地区）餐饮市场构成也独具特色——"北京菜"占比高于其他各区。在这五个区中，"北京菜"排名均位于 2~4 位，而其他各区均位于 5~9 位。

在这五个区的"北京菜"中，大部分为农家饭、农家菜的店铺，根据点评分类法，将这些具有北京地方特色的农家店铺分入了"北京菜"这一类别。根据北京市的发展规划，生态涵养区是"北京的生态屏障和水源保护地"，是"是北京市民休闲游憩的理想空间"，依靠绿水青山使这些地区的民俗旅游得到快速的发展。民俗的旅游由民俗的食、住、行、游、购、娱组成，而具有北京京郊地区特色的农家饭、农家菜自然就是其中重要的组成部分之一。所以京郊旅游的发展造就了农家饭占比大、数量多的局面，从而通过大众点评的北京菜在这些地区的占比反映了出来。

（本部分执笔：王智豪、马双）

第二篇　案例集

第一章　传统餐饮的突破之路

一、外婆家：连锁发展过程中的品牌经营与致力创新

【摘　要】本案例通过对外婆家经营模式的探究，对外婆家的目标定位、餐点布局、品牌经营、连锁管理、盈利模式、组织设计、追求时尚和变化创新等方面进行了简要的描述与分析，指出外婆家能在菜品不统一、店面风格不一样的情况下进行全国扩张的奥秘。同时，也对外婆家在经营管理上的瓶颈进行了探究，通过讨论这些问题有助于我们把脉目前餐饮企业，促进餐饮企业的健康发展。

【关键词】外婆家；品牌；定位；连锁；创新

（一）引言

从一座城的外婆家到一个时代的传奇

外婆家餐饮连锁机构，成立于1998年。从最初的马塍路"外婆家"餐厅发展至今，已成为在全国拥有80余家门店及8000多名员工的大型餐饮连锁机构。数十年间，外婆家门店遍布北京、天津、上海、深圳、沈阳、合肥、南宁、南京、武汉、无锡、苏州、杭州、常州、金华、南通、宁波、嘉兴等20余个城市。外婆家风靡大江南北，凭借着独有的气质创造了餐饮界的传奇。

外婆家餐饮连锁机构旗下，目前拥有"外婆家""指福门""第二乐章""金牌外婆家""炉鱼""锅小二""Uncle 5"等知名品牌。每个品牌都延续了外婆家对时尚、品位、健康理念的追求，装修高档、个性十足、操作标准、服务贴心，让外婆家在大江南北备受欢迎，开创了"开一家火一家""店店排队、餐餐排队"的餐饮界传奇。公司发展期间，外婆家荣获浙江省著名商标、浙江省著名商号；2010年，外婆家被国际权威美食杂志评选为"年度BEST50 中国最佳餐厅"；浙江外婆家餐饮有限公司更入选2012年度中国餐饮百强企业以及创业邦2012中国

高成长连锁企业50强。外婆家对时尚、高端、专业、细心的坚持，为每一位顾客提供了超预期的就餐享受，时尚外婆家的形象已深入人心。

（二）企业发展历程

1. 创业期：传奇萌芽

1998年5月，吴国平夫妇携手创业，工会餐厅"水晶饭店"开业，这是外婆家的前身；1999年，天目山路道路改造，水晶饭店结业，同年马塍路"外婆家家乡面馆"开业，"外婆家"元素被启用。

2. 成长期：峥嵘初显（1998—2003年）

2002年，外婆家家乡面馆升级改造，首家外婆家中餐厅开业。马塍路店作为外婆家进军餐饮业的起点，通过不断的创新突破，凭借"超预期价值"——时尚高端定位及高性价比的经营理念，在小桥流水的"外婆家"享受美食的风潮迅速席卷这座美丽的城市，日日排队，餐餐排队，这便是创造了杭州餐饮最高翻桌率的"马塍路现象"。同年3月，兰桂花园店开业，外婆家正式迈出扩张第一步；9月，浙江外婆家餐饮有限公司成立；11月，经《每日商报》率先报道，外婆家由此进入媒体视线；2003年8月，外婆家跨越钱塘江，开出江滨店，新店开出，食客纷至沓来，"杭儿风"越刮越猛，杭城餐饮界为之震动。

3. 发展期：风生水起（2004—2006年）

2004年5月，写字楼行政快餐连锁品牌"速堡"首先在世贸中心开业，这是外婆家在投资事业创新发展的开端。与此同时，外婆家中餐厅继续发展，10月中田店开业；2005年4月速堡瑞丰店开业；6月外婆家喜盈盈店开业；2006年，外婆家杭州日报店、杭州大厦店、北站店、公元大厦店、物产店，华星店相继开业。时尚、健康、温馨、活力，外婆家一跃成为杭州餐饮航母。

4. 不断壮大：扬帆起航（2007—2012年）

2007至2008年间，外婆家不断壮大，湖墅店、四季青店、中北店、城站店等相继亮相，并迈出了跨区域扩张步伐，成功入驻苏州、无锡、北京、嘉兴、绍兴。2007年，"外婆家"升级版精致中餐厅"指福门"一开业便广受业界好评，更被国际权威美食杂志评为"2007年度BEST50中国最佳餐厅"。2009年，外婆家餐饮连锁机构开创了更年轻、更时尚，以年轻人为目标消费群的新式时尚中餐品牌——第二乐章，提倡"精量少点不浪费、新鲜吃完不打包、每餐只到七分饱、朋友聚餐AA制"的时尚、健康、接轨于国际的中餐饮食习惯。2010年，富有创造性的外婆家,推出杭城首家运动风格主题餐厅——运动·会。不仅向人们诉说着体育与外婆家的深厚渊源,更向人们传递着坚持不懈的运动精神,继续传递时尚、健康的生活理念与饮食习惯。同年,外婆家入驻上海,至今连开10家,"杭儿风"盛行。2012年,杭州大厦B座外婆家重装启幕,外婆家发展战略开始注重与大型城市综合体联姻,万象城店、北京、上海、南京、沈阳等新店都延续了这一战略思想,体现外婆家时尚、高端的品牌定位。

5. 方向:多元化、专业化、精准化经营模式(2013—至今)

2013年,外婆家又紧锣密鼓,接连打出三张王牌:金牌外婆家、炉鱼和锅小二。专门为高端物业打造的金牌外婆家,从门店的装修设计到各道菜品的精心打造,都预示着外婆家正向着更高目标突破。而炉鱼——风尚烤鱼餐厅和锅小二——时尚自助火锅餐厅的诞生,则是外婆家产品多元化发展趋势的重要体现,面对不同物业业态,外婆家入驻形式更加多样化,选择也更为宽泛。2014年1月16日,外婆家联手名人名家,携手开创新品牌Uncle5,开杭州餐饮界合作先河,首店在苏州欢乐颂购物中心开业,以其时尚装修,优质的菜品,精准的平价定位,备受好评。①

(三)外婆家经营模式的特点

外婆家把店开到哪里,顾客就跟到哪里,在这个高速运转、惜时如金的社会,外婆家仅仅靠抓住顾客的心,使门店在全国各地开花,并且每家门店都是盈利的。在餐饮企业竞争如此激烈的社会中,外婆家的经营模式必有其可借鉴之处。

1. 明确的定位,合理的价值主张

(1)性价比高。好吃不贵有面子。外婆家最吸引顾客的原因是高性价比,也是外婆家的经营策略。外婆家的消费主群体是追求美味也追求品位的城市白领,对于这一类消费群体而言,就餐不仅需要可口美味、环境幽雅,而且也需要价廉物美。在保证菜肴味道的基础上,外婆家在用餐环境和就餐流程的各个环节,不断引进时尚元素,从就餐区、等候区、厨房的装潢设计到服务人员的工作服饰、服务要求标准都逐年提高,带给顾客的不仅仅是简单的吃饭,也是一种综合体验,紧紧抓住了顾客的心理。

---

① 外婆家官网[EB/OL].[2018-01-18]. http://www.waipojia.com.cn/WCMS/Index.aspx.

（2）抓住回头客。营销的基本目的无外乎就是获得和保留顾客，但是在获得和保留之间后者要重要于前者，尤其对一些具有重复性消费的品牌而言更是如此。外婆家的基本经营思路就强调了对长期顾客的关注，这在它的定位和整个经营策略上都表现得比较充分。就餐环境毋庸置疑，环境是一流的，菜肴本身也很新鲜味美。外婆家十分注意开发自己特色性的菜肴，而且和一般餐饮不同的是，很多餐厅虽然关注自己的名菜，但是往往名菜品种并不多，外婆家却有多个属于自己特色的名菜，这在一定上满足了顾客重复消费中追求变化的心理。菜肴精致，价格合理，这是对回头客进一步挽留的一个重要因素，它最便宜的一道菜只有3元钱，但外婆家并没有刻意保持价格最低，只是在综合水准上保持低价。当一个白领顾客在这里既可以享受到舒适的就餐环境，也可以品味到价廉物美的菜肴，还能够得到周到的服务时，再一次的光顾就成为一种必然。

（3）口碑传播。虽然目前的大众传媒的形式非常多，但是口碑传播却是在树立餐饮品牌方面更加具有优势。外婆家的口碑是四好：环境好、服务好、菜肴好、价格好。因此通过切身体验者的口碑传播，对品牌更具有影响力。外婆家新店开张基本没有什么优惠，但是慕名而来的都是早就听到名声的终于可以得见一面的顾客，借助口碑宣传达成的品牌"晕轮效应"比媒体的广告更容易深入人心。

（4）合理的价值主张。外婆家刚开始就将目标市场定位到居家饮食，通过营造温馨的环境，满足了大众的情感诉求。外婆家这一品牌又将目标消费人群定位为年轻人，正是由于看到年轻人的标新立异，因此外婆家门店装修各具特色，从而给顾客营造一种新鲜的感觉。外婆家旗下众多品牌各自定位低、中、高端市场，合理的价值主张使得企业迅猛发展。

2. 合理的布局

门店设计要体现各自的功能，餐饮是个地道的传统行业，但必须踏着现代的节点走，外婆家就是要让人们更方便、更快捷地享受到外婆家的实惠和高品质服务。

（1）HWS布点。在杭州餐饮步入成熟期的时候，外婆家的最早布局是根据人们消费理念的变化，采用HWS布点策略。以马塍路店为代表的居家消费群（HOME）布点，以公元大厦店为代表的白领消费群（WORK）布点和以杭州大厦店、杭州日报店为代表的商圈消费群（SHOPPING）布点，被称之为HWS布点策略，正是这种布点策略在前几年指引着外婆家的每一步进展。

由于生活节奏加快、城市交通的拥堵，人们更愿意就近选择餐馆吃饭，因此，让杭州人随时能享受外婆家美食、就近享受外婆家的高品质服务成为外婆家布点的中心理念。在外婆家经营者看来，未来餐馆不仅是就餐的场所，更多时候是人们除了家与工作场所之外，进行沟通、休闲的第三种选择。所以HWS的布点策略使得外婆家在杭州的知名度得到迅速的提升。

（2）城市综合体布点。随着外婆家知名度的不断提升，外婆家布局开始转向城市综合体。在杭州，外婆家在万象城、印象城和杭州大厦这样的大型城市综合体布局。而在上海，外婆家的布局也着眼于大悦城这样的大型城市综合体和首屈一指的潮人天地。外婆家认为，城市综合体在规划时就已经完全考虑到了招商环节商家的需求，一系列的公共事业支持都会相当到位。同时在城市综合体项目中，由于项目本身就是吸引流动客源的魅力所在，餐厅无须为自身的客流量担忧，也就是说在经营时，营业额就相对有保障得多，经营压力也就相应地减小了。城市综合体项目在目前非常有利于餐饮企业盈利。

（3）面向全国布局。当外婆家在杭州发展得如火如荼的时候，外婆家就已经有了一个宏伟的目标——长三角战略。作为中国经济最为发达也最为重要的区域，长三角有着天然的一体化趋势，这里的人性情相同、习惯相似、认识相通，这个地区一亿多人的餐饮市场潜力巨大。外婆家实施了一个"小城市包围中城市，中城市包围大城市"的策略。先是嘉兴，再是绍兴、宁波，随后是无锡和苏州，外婆家在上海的外围，有的放矢地布置了实验基地，让这些基地成了合围上海的理想舆论阵地。2010年和2011年外婆家连续在上海开出三家门店。而上海的门店一开张，依旧延续了外婆家排队的神话，最潮的外婆家，吸引了见惯大世面的上海人。而随着上海滩第一家店的开出，外婆家又开始了一轮面向全国的扩张，2011年外婆家在北京最繁华最核心之地王府井老店新开，再次轰动京城。而与此同时，外婆家的沈阳店也已经经营得风生水起。外婆家北上扩张计划成功，外婆家将在全国的重要城市中占据重要的地位。

3. 多品牌经营

中餐的多元化特点影响了同质化复制的大规模展开，使得中式餐饮企业单一品牌的发展规模受到了一定的限制。即使单一品牌能够发展出足够多的门店，但仅有单一品牌，以杭州这样的城市规模，如果发展门店过多，迟早会形成自家人打自家人的局面。因为单一品牌所能够针对的消费群体是有限的。外婆家一直以来的人均消费在40元左右，完全就是针对解决日常吃饭问题的大众消费，"外婆家"这块招牌已经把商务消费等其他类型的消费群体挡在门外了。为了避免产品同质化产生竞争，外婆家开始了多品牌经营，寻找新的利润增长点。

目前外婆家拥有外婆家、指福门、第二乐章、炉鱼、锅小二和杭儿风等十来个餐饮品牌。外婆家有一个金字塔形的系列品牌发展目标，一步一步来，在把每个层次的市场做扎实之后，才会继续往上走。

4. 连锁管理

以规模化实现盈利这是餐饮界很多企业选择的道路。连锁经营已经成为目前餐饮企业发展的必经之路。在餐饮业，一般获得投资且规模做到全国性连锁店的都是火锅或严格按照时间限度蒸、烤的快餐菜品，因为只有解决了中餐的标准化问题，才能实现连锁经营时的口味统一。但是，外婆家却提供了另外的一种可能，那就是在菜品不统一的情况下可以在各地进行扩张，且每家店面的风格都不一样，这其中的奥秘就在于，外婆家是紧紧地围绕着食客，也就是他们的客户来调整每家店菜谱的定位。外婆家有一个菜谱研究中心，会根据所在城市的客户在一段时间内喜欢吃什么口味的菜品来进行产品的研制，所以外婆家的总经理也说自己餐馆提供的产品不属于任何菜系，只要自己的客户觉得好吃就行，这种在餐饮业很外行的做法反而让他们获得了高质量的口碑。

尽管外婆家是连锁餐饮店，但是主品牌的多家店里，每家的装修都各不相同，风格迥异的装修成为外婆家一个特色，这和连锁餐饮推崇的标准化形象背道而驰。这得从外婆家的目标消费群体说起，由于外婆家的目标消费者是年轻人，年轻人不爱做饭，喜欢聚会和标新立异，而餐厅则是聚会的好地方。因此外婆家很重视餐厅的装修，尽量符合年轻人的审美观，创造一个干净高档的餐饮场所。年轻人不喜欢做同样的事情，他们习惯了外婆家的菜品口味，但是走进任何一家外婆家餐厅，仍然会因为不同的装修风格而得到新的惊喜。

在前台，外婆家以不同品牌、不同定位的连锁餐厅去面向不同的市场，而在后台却采用了统一的管理体系。每一家餐厅的厨房都严格按照同样的标准做菜和管理，多个品牌的配送体系、采购渠道以及研发力量都是统一的。此外，供应商也都是统一的，这样可以保证规模化采购以压低成本，同时也能保证连锁餐厅的食材统一。尽管中式餐饮连锁店很难做到标准化，但是外婆家在后台管理上却尽量做到统一。

5. 独特的盈利模式

外婆家有自己的配送中心及规范化的作业程序，不仅保证了企业的高效运营而且降低了成本。排队文化使得外婆家的人气暴涨，不断地吸引顾客前来就餐。价格低需要高的销量来保证利润，外婆家的平均营业系数高达6，是大部分餐厅的两倍，高频效高翻台率是外婆家盈利的根本。另外，外婆家旗下有多个品牌，由这些子品牌相互搭配的多品牌战略使其更有竞争力。①

6. 新颖的组织设计

外婆家设置了采购部、市场部、质检部等15个职能部门，各个部门职责明确，每个店面职能划分为前厅经理和厨师长，店长负责整个店面，分工明确，从而使得企业能够高效运营。外婆家的《前厅服务标准》和《厨师操作标准》为企业标准化运营提供了条件。在采购和库存方面，将一些业务委托给外包商，减少了成本，外婆家的组织设计为其迅猛发展打下了坚固的基础。

7. 注重细节

外婆家在做好菜肴的基础上，在各个服务细节上也十分用心。尤其是等候区的建设非常值得学习和借鉴。外婆家的排队现象是其每一家门店的标志，因此外婆家对每一家店的等候区都做了精心的设计。

首先，等候区的装潢设计别具匠心，在等候区你可以看到各种老式的家具和古董，也可以感受到具有现代感和未来感的设计风格，随意摆放的各种样式的座椅让客人感觉十分的舒适和惬意，仿佛回到自己的外婆家。其次，等候区的叫号系统是外婆家自主设计的，顾客可以输入手机号码，叫号系统会将座号信息及时反馈给顾客。而原先死板的叫号方式则改成童音"外婆喊你吃饭喽"清脆的呼唤声，让客人倍感亲切。第三，等候区内还有取之不尽的各种水果和零食，自助式的茶水服务，不但降低了服务成本，也让客人自在舒适，不受拘束。第四，除了吃喝之外，等候区内还有各种游戏设施，动画片，Wi-Fi上网区等，让年轻人玩得不亦乐乎。第五，在等候区除了提供每天的报纸和很多时尚杂志之外，还有外婆家各个发展阶段的图片资料以及外婆家的各种内刊等，就在这种不经意的等候

---

① 应小青.外婆家经营模式探究［EB/OL］.［2018-01-18］.http：//www.xzbu.com/3/view-4679486.htm.

中,外婆家的餐饮文化渗入到每一位顾客的心中。[①]

在细节上的讲究,外婆家把用餐排队也排出了文化,也让更多的顾客心甘情愿地成为外婆家的忠实粉丝。

8. 排队文化,引领时尚

这年头吃饭,如果不排上一两个小时,仿佛就下错了馆子。排队对于一家餐馆来说起到的作用主要有两种:第一,营造物以稀为贵的"饥饿感",在黄金就餐时段肯坚持排队的人无不是抱着自残精神强忍肚饿,之后看到菜单上琳琅满目的美食,不狂点一通就对不起几个小时的等待。第二,排队本身是对餐馆最好的宣传,当你经过一家餐馆,看到门口站着一群人,你就会产生"这家店的饭菜真的这么好吃?"的好奇之心,从而不费吹灰之力就记住餐馆的名称,并产生"下次要来尝一尝"的念头。

另外,外婆家学习和借鉴了"快消品"的理念,不像奢侈品那样小批量的生产和昂贵销售,而是大批量的复制以及低廉的销售价格。这种经营模式的佼佼者是 ZARA、宜家、H&M、丰田等世界著名品牌。外婆家就是以其非常具有品质感的一流的餐厅设计、周到的服务、出色的菜品和低廉的销售价格,充当了中式餐饮界"快消品"的角色。

这几年外婆家就是代表了最潮的餐饮形象,首先设计定位为高品位、强质感、有亮点的大气风格,彰显时尚新潮和小资气质。其次,在菜品设计上:将传统家味菜进行改良,与时代的开放步伐相契合,出品更精致的"融合菜",让当代城市人吃出回忆,吃出感动。第三,外婆家营造的品牌文化,外婆家餐饮连锁机构内刊《i.life》《外婆语录》《外婆家人》和企业宣传册《一座城市的外婆家》等,真正打造出一个与众不同、时尚前卫和幽默可爱的外婆形象,从而唤起人们内心深处的温柔。因此无论是在硬件和软件上,外婆家都在引领餐饮界的时尚。[②]

(四)外婆家发展的瓶颈分析

外婆家在经历了十九年的快速发展之后,需要有进一步的提升,目前外婆家

[①] 刘大放,刘娟. 餐饮企业商业模式对比研究——以海底捞和外婆家为例[J]. 价值工程,2016,35(29):37-40.

[②] 联商资讯外婆家:如何让用户365天都疯狂排队?[EB/OL].(2015-10-19)[2018-01-18]. http://www.linkshop.com.cn/web/article_news.aspx?ArticleId=335586.

在发展过程中，在以下两个方面遇到发展的瓶颈。

1. 团队

不论是多品牌并行，还是单一品牌优化，餐企都需要人才的支持。练好外功，可迅速成长，但练好内功，才能久战不衰。外婆家也进入了"练内功"的阶段。"品牌发展快了之后，要求肯定要提高，队伍的培养跟不上发展的要求不行。现在（外婆家）的瓶颈就是团队的瓶颈，我们需要补课。"无论互联网、新科技如何发展，吴国平都坚持"人"无法被取代的理念。打造一支能解决问题的队伍，对餐饮企业来说是最重要的。

2. 员工管理

伴随着新员工的不断进入，培训系统的应用和提升，培训效果的检验和考核，仍然是外婆家目前存在的一个比较难以解决的问题。对于员工管理，光靠文化当然不行，吴国平说外婆家在放养式管理的基础上，也有相应的管理制度和机制。俗话说：没有规矩不成方圆。外婆家有专门的培训机制，定期组织员工、干部培训，提升服务形象，以"观摩考察、阳光行动、素质拓展"等多种方式，对员工进行文化、技能、素质等全面培训，"通过员工发展规划和个人定位两个方面来成就员工"。另外，团队配合和氛围也是外婆家非常注重的内容，为此企业组织团队前往法国、意大利、美国、日本，以及中国的香港、台湾等地参观考察，让每位员工在了解企业理念的同时正确认识自我，保持积极工作和阳光生活的态度，最终提升企业整体素质形象，打造和谐、高效的团队。[1]

（本部分执笔：刘春燕）

---

[1] 戈涛.分析外婆家的管理方式［EB/OL］.（2014-10-14）［2018-01-18］. https：//wenku.baidu.com/view/c731c1b1240c844769eaeeb2.html.

二、呷哺呷哺——打造休闲火锅的未来

【摘　要】本文回顾了呷哺呷哺的发展史，在其发展过程中形成的各种特色——翻台速度、企业标准化建设、全球化发展、新技术的探索等方面，都是其他意在打造休闲火锅的企业值得学习和借鉴的地方。当然，呷哺呷哺在发展过程中也面临着一些问题，这些问题不仅是呷哺呷哺需要思考的，也是整个餐饮行业需要思考的。

【关键词】呷哺呷哺；标准化；全球化；新技术

（一）引言

在北京大型商场中，你总会看到有那么一抹黄，如此独特，又如此寻常，这就是年轻人最喜欢的呷哺呷哺。走进店里，总会听到整齐划一的招呼声"欢迎来到呷哺呷哺"，不由得让人心里暖洋洋的。坐在小小的吧台上，服务人员会手脚利索地把菜单和相关餐具准备好，每人一个小锅，选好自己想吃的，不一会儿便可以尽享火锅的欢愉。来呷哺呷哺吃饭的人总是很多，有人是为了实惠，有人觉得方便，也有人觉得时尚，总之这里永远不缺这些年轻的身影、欢笑的声音，一切都显得那么自然而和谐……

（二）企业发展历程

1993年在风靡全国的电视连续剧《北京人在纽约》的故事情节影响下，很多台湾人都到内地发展。也是在这一年，呷哺呷哺的创始人贺光启与妻子怀着淘金梦踏上了北京的土地，成为"北漂"一族，开始了创业的生活。

其实呷哺呷哺的出现是一次偶然的机会，贺光启在一次应朋友之邀吃火锅过程中，他发现北京的火锅还是以木炭为燃料的铜火锅或者煤气火锅为主，几个人围坐一起吃。而台湾已经流行用电磁炉加热的吧台式分餐火锅，于是他看到了吧台式小火锅在北京的商机。

首先，是命名。为什么要取名为"呷哺呷哺"？其一，在台湾只要看到"呷哺"，人们就知道是吃的。如果直接取名叫"呷哺"，名字会显得太短，"呷哺呷哺

哺"四个字,不长不短,正好。而且因为越难念,顾客越容易记住。其二,呷哺也谐音"食补",传递了呷哺呷哺美好的愿望:让顾客吃得健康、吃得开心。

其次,是推广如何普及呷哺呷哺火锅?这是一个大问题。因为火锅店在刚成立时,一天竟卖不出去三锅,而且在很长一段时间里,贺光启的火锅店一直都没有火起来。

原因是什么呢?首先,是因为北方人习惯大家围在一起吃火锅,针对这种新兴的速食业的分餐,很多人不接受,也不理解这种方式;其次,是口味问题,呷哺呷哺开始是直接从台湾采购调料再运到北京,可是却没有考虑不同地区的食客口味是大不相同的。综合多种原因,呷哺呷哺的普及推广问题成了贺光启亟须解决的大问题。

因为观念很难在短时间内做出大的改变,所以口味问题便成为呷哺呷哺的头等大事。为了解决口味问题,呷哺呷哺团队专门针对北方人的口味制作了多种调料,然后请消费者来免费试吃,中间还赠送一些小礼物。他们认真听取食客的意见,经过无数次的调查,用了半年时间才最终定下调料的口味,现在呷哺呷哺的小料酱包还一直是每个前来品尝的食客心中大爱。

另外,关于呷哺呷哺食品问题还有个小故事。为了保证原材料牛羊肉的品质,内蒙古发生雪灾那年,贺光启仍率队冒雪开车到内蒙古寻找优质货源。他们挨家挨户地去看,检查产品的质量,然后再租车从内蒙古全程押运到北京。

令人难过的是,贺光启的辛苦付出,并没有换回相应的回报。当时的店铺还是没有盈利。但是2003年的令人闻之色变的非典却给了贺光启一次翻身的机会。北京人之前不能接受的一人一锅制,在非典期间出于干净卫生考虑,开始被北京市民接受,再加上呷哺呷哺火锅物美价廉,此后北京市民吃火锅时便认准了呷哺呷哺,也爱上了这种简单时尚的用餐方式。

随着呷哺呷哺市场的打开,品牌也很快树立起来,贺光启的压力稍有减轻,但他并不满足于赚点小钱就收手,他趁热打铁,扩大规模,开了第二家分店。新店选在人流量密集的购物中心,目标客户定位于逛商场的年轻人,吸引他们逛累了之后来店里就餐。

2005年开始,呷哺呷哺的扩张明显加速。随着规模的扩大,呷哺呷哺吧台式的经营优势开始体现:吧台式就餐布局可以增加店铺的顾客容量,同样的店铺面积比传统火锅店增加了30%以上。除了大型购物中心,写字楼密集地区也是呷哺呷哺的选址重点。白领去呷哺呷哺最主要的原因是便宜；其次，小火锅分餐较卫生。这两个特点使得在呷哺呷哺就餐，基本可以算得上一次小小的商务餐，比请同事或客户吃普通快餐正式得多。

在呷哺呷哺快速发展时期，其竞争者也开始不断涌出，甚至有的呷哺呷哺的员工辞职之后做了同样的火锅店。但是贺光启对此却早有策略，他签订了一系列排他性合作条款，以用来抑制模仿者和后来者的竞争，包含食材、物业和饮料等。比如说饮料，呷哺呷哺与可口可乐、雀巢也都签订了排他性条款：只要呷哺呷哺从可口可乐和雀巢进货，那么雀巢和可口可乐就不能再向其他和呷哺呷哺"类似"的餐饮公司供货，这个"类似"被限制在吧台类火锅快餐之内。另外，为了保证呷哺呷哺质量，贺光启一直坚持直营，这样虽然扩张的速度变慢了，但是顾客对呷哺呷哺的满意度却上去了。

呷哺呷哺的快速发展及不断增长的业绩，吸引了众多风投公司。2007年的一天，英联投资主动找到贺光启，通过近一年的反复协商，最后确认对贺光启的呷哺呷哺进行投资。在投资之后英联把自己的经营理念引入到呷哺呷哺，不仅为呷哺呷哺的成本控制提供了有益经验，还计划着手引入进口原材料，将呷哺呷哺逐步向高端餐饮领域拓展。

2010年，呷哺呷哺进入上海市场，企业规模增长迅速；2011年，呷哺呷哺在北京及周边、上海、沈阳等城市迅速扩张；2012年，呷哺呷哺与大西洋资本达成战略合作，发展再获助推力；2013年，呷哺呷哺总店铺数超过400家，成为全国大型连锁餐饮企业之一。

经过16年的征程，呷哺呷哺于2014年12月17日成功于香港联合交易所有限公司上市。2014年，呷哺呷哺全年收入比2013年增加16.5%，达人民币22.02亿元。净利润较2013年同期上升31.8%，达人民币1.86亿元。而2015年依然实现增长，上半年净利润比2014年同期增长19.6%。目前，呷哺呷哺成功将餐厅网络扩张至中国黑龙江省及湖北省。截至2015年6月30日，呷哺呷哺于中国八个省份的31个城市以及三个直辖市（北京、天津及上海）拥有500间直营餐厅。

（三）特色

1. 翻台速度

首先，呷哺呷哺的橙色装修风格显得异常温暖，吸引工薪阶层。呷哺呷哺吧台式的店面布置好比回转寿司的模式,服务员被顾客包围起来"四面出击",接受顾客点餐、埋单、续汤底等要求,员工顾客比率和翻桌率也随之提高,平均每个员工可服务 10~12 名顾客。

其次,吧台式就餐布局可以增加店铺的顾客容量,同样的店铺面积客容量比传统火锅店增加 30% 以上。每家店面虽然建筑面积仅为 200~300 平方米,但可容纳 100 名顾客同时就餐。店面一般每五年装修一次,装修费用仅为 70 万元。除了提高单位面积的顾客容量,翻台率也是一个"加速"的指标。翻台率即每个单位餐桌的使用率。这意味着,在每一位顾客尽兴而归的基础上,他们停留在餐桌上的时间越短越好。吧台式就餐创造的"快餐"概念进一步"剥夺"了消费者的"私密空间",并排而坐的吧台有效"防止"超过 4 个人以上的就餐者因为"边吃边聊"而拖延就餐时长。最后,拒绝提供高浓度酒精饮料也是提高翻台率的杀手锏之一。

2. 标准化的快速供应

(1) 标准化程序

①统一准入标准,严格选择供应商

呷哺呷哺对供应商的规模和资质有较高的要求。就拿选择果蔬供应商来说,呷哺呷哺通常会选择有规模种植能力的合作社合作,与其合作的农业经济合作社应具有百户以上的种植户社员网络,可控制安排的种植面积应在千亩以上,或自主安排土地在 100 亩以上。此外,呷哺呷哺还会综合考虑供应商的地理位置、生产环境(包括土壤、水质等)是否具有相关部门评测发放的安全无公害农产品证书;是否具有一定种植传统优势和能力;是否符合交通便利以及基地周边环境无污染等条件。

在蔬菜品类上,呷哺呷哺采用基地化种植来实现菜品的标准化。目前,呷哺呷哺共有 9 家蔬菜供应商(可理解为 9 个基地),满足了呷哺呷哺 90% 的蔬菜供应量。而呷哺呷哺订单占到了蔬菜供应商 80% 的产能。

②自建中央厨房配送中心

2005 年,呷哺呷哺投资 2000 万元,在北京大兴建造了占地 20000 平方米、建筑面积 8000 平方米的公司总部暨中央厨房配送中心,并于 2006 年底正式投入使用。该配送中心由中央厨房、加工车间、冷库、配送系统组成,将生产、加工、储藏、运输及管理优化组合在一起,主要对北京、天津地区各分店的产品

（从锅底调料、锅碗瓢盆到菜单、工服，甚至一根牙签）进行统一采购配送，从而确保所有分店各个环节都达到统一的高标准、高质量。

③进行配送中心和门店的信息建设

为了合理调控配送中心和门店的库存，优化配送方案，呷哺呷哺引进国际领先的 ERP 系统，进行配送中心和门店的信息化建设。通过 ERP 系统，配送中心可实时查看各门店现有库存、总部库存可分配数量等信息，有利于进行配送分析，避免各门店在请货过程中因多请造成积压损耗，或因少请导致门店断货。以蔬菜农产品的配送流程为例：每天中午 12 点前，各餐厅门店将订单通过系统发送至物流配送中心；门店订单经系统汇总、分析、确认后直接到达农产品种植基地；基地当天下午完成采摘、分拣，于当晚 24 点前运送至物流配送中心；物流中心边接收、边检测、边分拣，并于第二天早 8 点前将蔬菜配送到各门店，实现 24 小时蔬菜生鲜配送机制。此外，配送中心还可通过系统进行新品主动配送，比如根据新品及库存情况，制定主动配送计划模型，把新品或库存量较大的商品主动配送到各门店。经过多年的信息化建设，呷哺呷哺已实现配送中心与门店间信息流的畅通无阻，提高了物流配送效率（配送率达 100%），确保了食品新鲜、安全、卫生。

（2）三级配送体系

在呷哺呷哺标准化运营中，物流配送是核心环节，它保证了经过严格品质管控的产品能够高效率、低成本到达门店。在配送体系上，呷哺呷哺设置了全国总仓（National Distribution Center）——区域分仓（Regional Distribution Center）——运转中心（Transit center）三级网络架构。

目前，呷哺呷哺 400 多家门店主要集中在华北、东北以及华东地区，为了辐射上述区域的门店。呷哺呷哺将全国总仓以及华北区域分仓设置在北京，华东区域分仓设置在了上海，而在天津、沈阳、石家庄设置了运转中心。

值得注意的是，呷哺呷哺总仓——区域分仓——运转中心之间的功能是包含关系或者说重叠关系，而并非一般意义上的层层递进关系。举例来说，总仓可以将货品配送到区域分仓，也可以直接配送到运转中心（而并非由区域分仓层层转发），这样做是取决于配送半径和成本的考量。而运转中心则是针对门店，它负责收集门店的订单，并且将订单进行分解以及根据自己的库存满足门店需求，它是唯一直接针对门店的配送中心。

呷哺呷哺对配送网络的建立，是通过对当地市场门店数量、布局、食材消耗量以及配送成本的综合考量，来确定在该地是否建立 TC 或者 NDC。以石家庄 TC 为例，最初呷哺呷哺在石家庄只有十来家店，石家庄门店所有配送均由北京配送中心来完成。后来，随着在邯郸、衡水、邢台等地开店，配送成本日益增加，呷哺呷哺决定在石家庄建立 TC 负责针对上述门店的配送。通过计算，在成立石家庄 TC 之前上述门店的配送费用为 15 万元 / 月 / 店的，而石家庄 TC 成立之后，这一费用减少到了 12 万。随着门店数越来越多，TC 的辐射能力越来越强大，分摊到每家门店的费用进一步降低。

呷哺呷哺 NDC——RDC——TC 之间是功能重叠的包含关系，因此，位于北京的 NDC 同时承担了华北地区 RDC，以及负责北京门店配送的 TC 功能。

①不断降低库存周转天数

呷哺呷哺会根据厂家起订量、在途天数以及自身的安全库存确定订单频率和订单间隔。在正常的订单频率和安全库存量下，呷哺呷哺会减少每次的订量，加大订单频率和周转，并且每一季度会回顾一次，以便进行调整。通过降低库存周转天数，呷哺呷哺将 100 多天的总体库存周转天数压缩到 10 多天，减少了资金占用和管理成本，同时也提高了产品的新鲜度。食品的质量安全问题是所有人都关注的，餐饮企业一旦在这个问题上栽跟头，必将受到致命性打击。因此，呷哺呷哺尤为重视食品质量的管控。

②建立两线检测系统

呷哺呷哺投入百万元在自有冷链物流中心建设了具有农残、微生物等检测能力的质量检测室；同时还与产地合作社合作，建立了基地地块检测、农产品地头检测、农产品基地加工检测等多种形式的快速检测流程。首先，种植过程中，基地需不断自检农药残留。其次，呷哺呷哺的采购、品质管理人员每隔一两周需去基地巡查。再次，肥牛、肥羊、青菜、豆制品等食材送到配送中心后，需进行农残等微生物的化验，检验合格后方可配送到各个分店。

③制定完整的质量安全标准规范

根据食材和农产品的特性以及物流状态，呷哺呷哺制定了一系列质量安全标准和规范。这些标准从地头的生产种植一直延伸到店铺加工直至菜品上桌，几乎覆盖了食材来源、采购、物流、店铺操作等供应链条上的各个环节。比如，基地需按照品质要求种菜，使用统一的农药、化肥；叶菜不能有黄边和虫眼；叶菜不能过水、白萝卜要去头、蒿子秆的外观长度在25~30厘米等；农残不可超标；肥牛不允许有血脖，且必须是全胴体；凡已售出的、客人剩余未打包带走的食品，一律丢弃，不得回收再用，等等。此外，呷哺呷哺还会与每一个供应商根据成本与利润预期签订年度均价合同，这个价格会随时根据市场供应量的变化上下浮动20%，但不会有太大的浮动。呷哺呷哺通过制定完整的质量安全标准和规范，让执行者和监管者都能按照共同的质量和安全标准来进行管理，提高了质量监管水平。

④打造生鲜物流的追溯体系

呷哺呷哺的追溯体系包括源头追溯、时间追溯、品质变动追溯、商品物流过程追溯。由于蔬菜产品在配送中途需分拣加工，所以不可能对单品、单件进行从头至尾的全程追溯，只能通过封闭供应体系进行分段分批追溯。配送中心作为供应地和门店间的中转，是供应链追溯体系的关键节点。在暂时储存货物期间，配送中心需进行供应商和到货日期的标示，配送货物时需在分拣单上标注每家餐厅各个单品的供应商，一旦发现质量问题，便可以进行跟踪回溯。

3. 从慢到快到慢，一场华丽的店面升级

当我们走进焕然一新的呷哺呷哺门店，有别于以往明亮的橙黄色餐厅，浓郁的台式文艺风扑面而来，除了呷哺呷哺标志性的 Logo 保持不变之外，餐厅色调变得更大气庄重，而且各项服务的舒适程度均给顾客留下美好的就餐体验，这就是呷哺呷哺的"3.0升级版餐厅"——凑凑。

（1）店面风格改变

2016年的呷哺呷哺聘请国际一流的餐厅设计大师，按照不同城市、不同区域、不同商圈、不同消费者群体进行差异化处理，并设计出了最少5个以上的门店风格。

对于呷哺呷哺，我们可以看到，一方面在空间设计和结构上将传统的U形吧台减少，增加带隔断的二人连台，在保证空间利用最大化的同时，增加了私密性。不仅如此，此次店面的升级，还同时增加了四人桌的，并将该区域设计成日式榻榻米样式，空间增大的同时，也增加了时尚感。餐厅内的照明也紧随潮流选择了工装吊灯，通过餐厅座位和背景墙的多元设置，实现提供餐饮、商务和休闲的多种功能。

正如呷哺呷哺创始人贺光启所言："现在，随着人们生活节奏需求的改变，快餐这个部分也应该力求改变。呷哺呷哺的第 18 年，是时候应该做出一些变化了，我们将此前一直突出的'快'字去掉，现以'休闲'为主，然后继续经营呷哺公司，继续经营我们的企业。"

（2）呷哺要引领着消费者的需求去改变

呷哺呷哺快速发展的 18 年，就是消费者消费需求发生剧烈变化的 18 年。现在随着人们生活节奏和生活方式的变化，"休闲"成为顾客消费关键词，因此，呷哺呷哺也致力于改变大家固有的消费习惯，让火锅也可以实现休闲化、时尚化。

呷哺呷哺原来是快餐与火锅元素的结合，成立的一个快速休闲小火锅，而现在就是把"快"去掉，抓住"休闲"小火锅的这个部分，营造休闲的氛围，因为在快餐的环境里卖火锅，它的质感、附加值、客户的体验会比较差。在纯粹的休闲环境氛围里去卖火锅，消费者的体验感、价值感都比较高。

其实不难看出，呷哺呷哺所有的改变似乎都是对于品牌小火锅"一人食"快餐形象的调整。力图在标准化服务流程的基础上，不断融入时尚性、人性化元素，从小火锅的快餐式定位逐渐将重心扩大为树立健康、营养、时尚的品牌形象，朝着打造健康的餐饮连锁品牌形象的方向引导消费者。

（3）呷哺品牌性调整力求覆盖全国

对呷哺呷哺形象的改变，用贺光启先生的话说就是"意在品牌性调整"。但升级之后的呷哺呷哺又如何在火锅市场中寻求生存与发展呢？

其实，我们可以从呷哺呷哺现有改造门店北京三里屯店发现，餐厅内增加了水吧"呷茶"，这是将其子品牌凑凑的台式手摇茶作为主打，为顾客提供正宗台式茶饮。菜品方面也靠拢子品牌产品定位，增加高端产品，锅具也从原先普通的不锈钢锅变为质感十足的玄铁锅，进行器皿和摆盘的不断升级。

呷哺呷哺现在的人均消费定位是在 50~70 元之间，贺光启认为，呷哺呷哺的子品牌"凑凑"属于中端但并不是偏高端的消费。他说："呷哺呷哺集团的目的是打造中端消费，及中偏低端消费群体的火锅市场，而凑凑的定位，不管是从菜品、服务、装修、器皿，乃至于自身文化底蕴的部分，都会拉开其与现有传统火锅的差距。以七星级的产品、三星级的收费面向市场，以普通大众能够接受的消费额来打造凑凑这个品牌。"当凑凑在火锅市场横空出世时，呷哺呷哺也力求探寻发展的新路。在全国范围内，呷哺呷哺的主要发展地区都是在长江以北，但通过此次的升级,呷哺呷哺告诉我们,它们将会往南方走了。

贺光启说:"呷哺公司以北京、上海、深圳为三大据点,不仅在北京要发展1000多家,长三角乃至珠三角也要发展至1000多家,整个呷哺公司在全国力求发展至4000家左右的规模。"当然,贺光启也说,"当我们的所有店面不管是服务,还是菜品、器皿等版本完全升级之后,也意味着我们有新的商业模式和模板,在未来的开店速度上将有所加快。而且,今年我们会保持100家左右的速度增长,用平均每4天开一家店的速度,在整个中国发展呷哺呷哺的版图。"

4. 呷哺呷哺的新技术探索

第一,加大餐厅系统规模,希望通过系统可以对餐厅营运精确掌控。通过系统可以在销售、货物管理、人力资源管理、预估等方面统筹管理,更好地为顾客服务,提高顾客满意度。第二,建造以总部为中心的全国网络系统,以适应未来多区域的发展方向。第三,后台ERP系统的加强,尤其是报表系统的加强。一套好的数据分析最终还是会以报表的形式呈现在领导者面前,报表的灵活性、准确性是呷哺呷哺未来准备加强的部分。第四,加强BI的使用。现阶段,呷哺呷哺的数据分析仅仅停留在简单的预估、分析上,下一阶段会进一步加强对BI的深度挖掘,以满足企业各方需求。呷哺呷哺现阶段需要一整套的解决方案、服务系统以配合企业整体、长远发展战略。呷哺呷哺IT管理总监更渴望以新技术、新理念、新解决方案加强企业IT管理,促进企业长远发展。

(四)企业全球化之路

1. 1亿美元是门槛

尽管国际化是呷哺呷哺的既定战略,但这并不意味着短期内就能看到呷哺呷哺的海外门店。贺光启坦言:"拓展海外市场需要前期做大量的准备和考量。如果在还没做好准备的情况下仓促'走出去',那么既走不远,也走不大。"

我们有理由相信,呷哺呷哺的出海准备期可能很长,这从呷哺呷哺第二品牌凑凑的诞生就能看出端倪。别的餐饮企业一年能推出5个品牌,而凑凑的准备期将近三年,难怪有人打趣"生了个哪吒"。据贺光启介绍,呷哺呷哺为凑凑做了很充分的准备,光是一个锅具经前后打造了十几次才最终定型。幸好凑凑自开业以来,口碑和业绩表现都堪称优异,也算没有辜负这番悉心打磨。

谈到海外开店,贺光启表示:"估算销售额达不到1亿美元的城市,我们是不会进入的。"这1亿美元的门槛,是呷哺呷哺专业团队反复测算后得出的结论。

贺光启解释，只有估算收入在这个标准以上，才能够支撑呷哺呷哺的各项管理和配套。这与呷哺呷哺在国内设立的5000万元销售额的城市进入门槛是一个道理。"商业模式决定了我们进入一个城市不会只开一两家店，一定是成规模的，否则管理效益、协同效益达不到。"

2. 供应链率先全球化

虽然还没有在海外开店，但呷哺呷哺的供应链已经率先开始全球化。贺光启告诉北京商报记者，未来呷哺呷哺将加大进口食材的比例，引入更多国内没有的新鲜优质食材，带给消费者更多的选择。

多元化进口食材正在成为呷哺呷哺新的核心竞争力。据介绍，来自北美洲的上脑，澳大利亚、新西兰的牛羊肉，南亚的巴沙鱼，阿根廷的红虾等，在呷哺呷哺餐厅都能吃到。此次巴西之行，除了传递奥运火炬外，贺光启重点考察了当地食材，"我们要让顾客在呷哺呷哺吃到来自全球不同地区的优质食材，并且是在别的地方吃不到的，以此作为呷哺呷哺强势竞争的一个卖点"。作为一个年销售额高达几十亿元的大型餐饮连锁企业，如何确保食材的高品质和稳定性，无疑是呷哺呷哺供应链面临的全新挑战。

3. 人才储备全球化

与此同时，呷哺呷哺的管理团队也在悄然发生着变化，从早年以内地人为主，到引入了更多人才，有来自中国台湾、中国香港的，有新加坡的，以及很多具有跨国公司背景的高端人才。这种管理层结构变化的背后，正是呷哺呷哺在为将来走向国际化进行人才储备的体现。

（五）发展过程中出现的负面新闻

在呷哺呷哺快速发展的过程中，不可避免地会出现许多负面新闻，这些负面新闻虽然在一定程度上损害了呷哺呷哺的信誉，但是从另一方面，也给了管理者一剂清醒剂，使其正视快速发展过程中的管理问题，包括人员管理、食品卫生管控等。在这里节选了一些负面新闻列举如下：

（1）2011年11月1日，有消费者在某论坛上爆料称自己在北京市通州区呷哺呷哺火锅梨园店就餐时，在酸辣汤锅底中吃出异物。刘女士向媒体讲述称，"发现火锅中有异物后，拿出来仔细观察，该异物身长3~4厘米，外观看起来像甲壳类虫子，很明显能看到整个虫子的形状和躯干。

（2）据中国新闻网报道，2011年9月15日晚上8点多，家住北京市海淀区的易先生下班后来到学院路圣熙 8 号购物广场下面的呷哺呷哺店吃饭。没想到的是，一条活青虫竟然从盛生菜叶的盘子里爬了出来。

（3）2012 年 6 月，中国广播网接到呷哺呷哺员工王先生的投诉电话，称公司每月付给他们的薪酬是按照每天工作时长 8 小时来计算的，但是员工们的每日工作时长往往超过 8 小时。王先生还爆料称，门店的管理层在计算员工的工时时会耍一些花招。除此之外，呷哺呷哺还被曝光店长和收银员互相勾结，存在以退单形式侵占营业款的事件。

屡屡吃出异物、用工问题被投诉、顾客排队等候时间长、门店服务人员服务态度欠佳等问题，反映出呷哺呷哺扩张过快但管理水平滞后的问题，制度化管理存在漏洞。呷哺呷哺过快扩张导致其服务跟不上，若企业的扩张速度与服务水平不能保持一致，则对商家发展的影响是很大的。服务业中的连锁企业是靠"店"，在服务业的生产过程中，服务员上岗前培训的时间不足，就会造成其素质和对服务标准的理解和执行不到位；另外，呷哺呷哺为了抢占市场而高速扩张，过度压缩成本，包括人力和物力成本，客观上使得员工经常处于超负荷工作状态，导致一系列问题的出现，如服务不周、顾客消费满意度低、食品卫生无法得到保障等。

（六）结语

现在中国餐饮业处在一个快速发展但又竞争激烈的时代，各类新型餐饮粉墨登场，不断刺激着消费者的感官和体验。呷哺呷哺要想保持餐饮业领先地位仍有很长的路要走，但我们有理由相信，这个曾经创造了餐饮界小火锅奇迹的品牌会在未来带给我们更多的惊喜，让我们拭目以待。

（本部分执笔：刘钦）

三、井格的发展之路——从个体到平台的思维转变

【摘　要】北京圣达餐饮有限公司经营的餐饮品牌——井格,是致力于弘扬重庆火锅餐饮文化的火锅品牌。它源于重庆,扎根于北京,从开业至今已有近50家门店,并创建了自有品牌——等渔号。井格快速发展,经历了个体户思维、连锁思维到平台化思维的转变,取得了骄人业绩。本案例的主题为井格的发展道路及作者对井格的辩证思考。

【关键词】井格;个体户;连锁;平台;辩证

(一)企业简介

1. 企业文化[①]

井格餐饮店全称为井格重庆火锅(以下简称"井格")。其使命为:弘扬巴渝火锅文化,打造国际餐饮品牌。愿景为:让美食传递幸福,让生活充满关爱;让梦想成为现实,让井格沸腾世界。核心价值观为:诚信、共赢、快乐、感恩。

2. 发展现状

井格目前在全国已经有49家门店,地区分布如表1。

表1　井格重庆火锅门店分布地区及各地区门店数

地区	门店数量	地区	门店数量	地区	门店数量
北京	27	太原	2	武汉	1
上海	3	呼和浩特	2	长沙	1
天津	2	合肥	1	哈尔滨	1
重庆	1	南宁	1	承德	1
廊坊	1	石家庄	1	南通	1
徐州	1	义乌	1	包头	1

---

① 井格官方网站"企业文化"板块[EB/OL].[2018-01-16]. http://www.jglzhg.com/.

井格挖掘的自品牌等渔号，截至2018年1月7日，在北京能搜索到的店铺已有10家，分别为：簋街店、长阳半岛店、城乡世纪店、悠唐店、北新桥店、石景山店、太阳宫凯德店、通州梨园店、天通苑店、世界之花购物广场店等。

（二）井格发展之路

1. 个体户思维

2006年，身为重庆人的王一达（井格创始人）为满足自己的食欲，并让在北京的重庆人能吃到家乡地道火锅，选择做重庆老灶火锅，并为其取名为有家乡特色的"宽板凳"。

在发展之初，井格完全依靠个体模式扩张，对人的依赖程度较高。（一）火锅底料的熬制。井格的火锅底料由厨师长亲自在店内熬制。受限于厨房大小，每次熬一桶火锅底料只能供一家店正常使用5天左右，旺季只能用3天。从材料准备到完成的一次熬制，大约需要1天时间，熬制的3个小时期间还需要人工不断搅拌。这么大的工作量，门店数量在5家以内时，厨师长尚能游刃有余，当门店数量继续往上涨时，厨师长的排期开始变得紧张。（二）运营及财务操作。发展前8家店时，王一达不仅管理选址、装修等，还负责店面的财务工作。"根本离不开人"是当时井格多门店发展真实的写照。完全靠个人的扩张模式带来的问题是较难找到完全信任的人负责门店的日常运行。井格的解决办法是：将店面交给具有足够私交、可信任的人，如王一达的妻子、厨师等。①

除了对人的过度依赖外，个体户思维给井格带来了另一个重创。2011年在各路明星的推荐下，宽板凳借助微博势能成了火锅界明星。此时，考虑到未来的发展，王一达有了关于注册宽板凳商标的思考，但后来王一达得知，商标已被抢注。此时，宽板凳已发展到拥有十几家店面的规模。也正是在商标被抢注的2013年，注册了该商标的公司开始在北京开放加盟店，祸不单行，井格公司内部的高管被挖墙脚。内忧外患之际，王一达深深感到：个体户经营思维的局限性和品牌意识淡薄是导致这种局面的原因。

2. 团队思维：构建标准化

由于商标被抢注，2015年初，宽板凳痛下决心将24家门店的品牌全部替换，正式更名为"井格"。此外，王一达特意拿出30万元，把与井格有关的全球全品

---

① 贺陈慧.多店≠连锁，井格从1到50家店的拓展精髓……［EB/OL］.（2017-05-22）［2018-01-16］.http://www.canyin88.com/pinpai/2017/0522/49104.html.

类商标都注册下来。王一达认为,虽然教训沉痛,使自己晚发展了2~3年,但正好可以利用这段时间进行自我完善,做标准化工作,为未来5~10年的发展奠定基础。

随着门店数量的增加,一方面,井格开始有了品牌及团队意识,2014年底,井格有了第一个组织结构,并开始了真正的公司化经营;另一方面,为了更好地管理门店,做到快速复制,组织结构成型后,从2014年开始,井格开始标准化体系搭建,体现为:(1)人力标准化。建立包含招聘管理、训练基地、员工关系、绩效考核在内的一套完整人力资源体系。(2)运营标准化。从前厅运营标准化到后厨运营标准化,让运营流程变得有规可循。以"四条链一终端"(开发拓展链、运营链、供应链、支持链和门店)的架构,促成标准化建立。(3)产品标准化。去技术化厨房,保证菜品品质和呈现的一致,更好地还原重庆味道。(4)营销标准化。创建营销标准库,指导门店管理人员解决开业、节假日、营业等问题;不同城市、不同形态的店在不同季节和时间段的营销活动都有固定套路。

井格的选址也实行标准化策略:(1)选择在商场和社区开门店。井格选择一、二线城市中客流量大、人气旺的中高档购物中心,知名度及客流量佳的商业街以及商务聚集区开店。原因为,与全国性商业地产开发商的合作便于进行全国门店的拓展,商业地产开发商拥有的强大会员体系能保证客流量,使得商户经营有保障;(2)五大差异化选址秘籍。一线城市进老"mall"(shop mall,商业区/商业综合体);二三线城市进地标新商业综合体;大城市也可以开街边店,但一定要进社区;三四线城市,开街边店,且要门头大里面小的店面,并设置包间,装修上要区别于普通中低档餐饮,显得有档次;县级、地级市等三四线城市的新店面积不宜超过500平方米,300平方米左右能产生最佳坪效。①

此外,井格还建立了招商加盟手册、开店辅导管理手册、训练管理手册、门店运营管理手册、厨物及出品管理手册、安全管理手册、京津冀运营管理手册、加盟部运营管理手册等,通过建立标准手册让员工更加高效地参与到运营中去。

3. 平台思维:做开放性盟主,进行品牌发展及升级

(1)井格门店加盟坚持品牌托管模式

2016年,井格开放了加盟。井格老灶火锅的开店模式是:先以自营店打样

---

① 王平.一夜间24家门店品牌全部更名为井格,王一达为何这么做?[EB/OL].(2017-03-13)[2018-01-16]. http://www.canyin88.com/pinpai/2017/0313/47236.html.

确立在当地品牌影响力，后采取投资加盟方式迅速扩张。为了保证加盟质量，井格老灶火锅对加盟商有一定的要求：除了具有经商经验及投资能力外，还要有良好的人际关系、信誉及较强的协调能力，并采用了托管的模式。井格老灶火锅的加盟商、合伙人可以只单纯参与投资，运营管理上主要由井格方面负责。这样既能保证盈利也能保证品牌形象的统一性，并且井格会从开店选址到日常经营给予全方位支持，具体包括店铺选址、装潢设计、投资回报分析、专业完整的培训、物流支持、风险研判、人员储备和运营督导等方面。①

（2）品牌发展及多方面进行品牌升级

迅速发展的井格，进行了品牌发展及多方面的品牌升级。

2017年5月，井格老灶火锅更名为"井格重庆火锅"。一词之差对于井格未来的发展方向格外重要，一是"老灶"引起的歧义，人们很可能会将老灶和老火锅、回收油等信息挂钩；二是区别于很多品牌对麻辣火锅的定位，要回归到区域上；三是重庆的"根"不能丢，井格要代表重庆的火锅，重庆虽然不是主战场，但是初心的发源地。②

在进行品牌发展方面，井格一方面纵向加深品牌深度，如其推出的一款随身小火锅——井格重庆火锅随身装；另一方面做自品牌的挖掘，如其推出的一个致力于做酸菜鱼的品牌——等渔号，现在北京的店面已经达到了10余家。

由于市场的变化——市场竞争愈加激烈，运营成本逐渐增高，消费者需求发生变化等，进行品牌升级是必走之路。在进行品牌升级时，王一达透露，井格的品牌升级预计在2018年5月完成，主要围绕以下四个方向进行：

①门店环境：匹配客群发展需求的新重庆特色。此次升级的3.0版本门店，将在原有基础上更加突出重庆的特色元素，但整体环境会更加匹配现有的客户群体以及年轻化需求，视觉上融入更多重庆新元素，提升座椅的舒适度给消费者更好的就餐体验等。

②产品结构：更好地还原重庆口味。井格新推出的3.0版本菜单是围绕全新的产品结构、出品设计及原有菜品的包装进行升级而全新打造的。如在锅底方

---

① 王一达.井格老灶的核心竞争力是经营理念和思维［EB/OL］.（2016-12-26）［2018-01-16］. http://www.jglzhg.com/newsDetail/19.

② 依晴.敢一夜之间更名26家火锅店，井格的核心优势你看懂了吗？［EB/OL］.（2017-05-19）［2018-01-16］. http://www.canyin88.com/pinpai/2017/0518/49044.html.

面，为了更好地还原重庆火锅的口味，井格重新调配油水比例，打造出一款全新的"井格重庆江湖锅"；在菜品出品方面，与专业的菜品设计公司进行合作，对重点菜品进行出品设计，从食欲、美观、自传播点等多个方面进行升级等。

③服务流程：打造井格特色服务。将真正的重庆火锅文化融入进去，主要从门店的服务流程进行优化，如服务用语、服务环节、菜品熟悉度等。

④后厨设计：功能与智能化并重。在后厨方面，设备摆放、流程动线、前厅的动线等方面都将进行全新升级，升级后的设施设备会更科技化、智能化。①

（三）对井格的辩证思考

井格的发展，既有其值得借鉴的地方，也有其需要深思的地方。下面，本人将从上述两个方面进行个人观点的阐述。

1. 值得借鉴之处

（1）运营模式的及时转变。井格从发展初期到现在（2018年1月），分别经历了个体户思维、团队思维、平台化思维三个阶段，每个阶段都有其转折契机，井格顺应时势对自己的运营模式及时进行了调整。

（2）对核心产品及配套产品的关注。作为一个餐饮企业，供消费者消费的菜品是企业应该关注的重点。井格所用的原料都是原产地直供、无添加原生态的非转基因食品，且锅底的"包装时代"经历了三次迭代。为了突出"重庆火锅"文化，井格不仅做了更名，还在店面装修方面突出重庆的特色元素。

（3）创建营销标准库。井格创新地制定出营销标准方案库，不仅不同城市、不同形态的店在不同的季节和时间段有固定套路做营销活动，门店人员也可以使用不同方案并做出反馈，支持方案库的迭代升级。

（4）进行品牌纵深及自品牌的挖掘。井格推出的"井格重庆火锅随身装"，不仅将火锅转化成了零售产品，增加了消费者消费的便利性，还会为品牌增加额外的流量；自品牌的挖掘——专注于做酸菜鱼的等渔号，是迈出多品牌发展的重要一步。

（5）网页的美观性。在互联网时代，网页是一个企业的门面，是给人创造第一印象的地方，一个看起来美观、舒服的网页会增加浏览者对企业的好感。井格的官网网页以及某电商平台上的井格旗舰店网页在颜色选择、搭配等方面做得较

---

① 红餐访谈组. 井格重庆火锅：不怕行业洗牌，就怕来不及改变［EB/OL］.（2017-10-29）［2018-01-16］. http://www.canyin88.com/gaoduanfangtan/2017/1027/54288.html.

好，还具有页面信息明晰性及查找便捷性等优点。

2. 需要深思之处

（1）随身小火锅的安全性问题。"井格重庆火锅随身装"属于自热火锅，自热火锅虽然能为消费者提供便利，但其在消费者进行自加工过程中由于自热温度过高、一氧化碳释放过多等可能产生的安全问题。对此井格需重新审视，建议在销售的页面添加安全使用注意事项。

（2）不同地域店面得分情况差异较大的问题。在某知名餐饮互联网平台上搜索消费者对不同地域井格店面的打分情况，结果为不同地域店面间得分有较大的差异，这虽然可能和消费者的消费行为、理念及习惯有关，但也说明了不同地域的消费者对井格的认可程度不一。建议井格针对打分较低的店面或地区进行重点关注，通过平台上的数据及所属地域消费者行为调查描绘消费者画像，看如何在进行标准化的同时满足消费者的需求。

（3）品牌托管可能产生的问题。井格对加盟商采取托管模式，从店铺选址、装潢设计、投资回报分析、专业完整的培训、物流支持、风险研判、人员储备和运营督导等方面对其给予全方位支持，这样的做法可能会消耗井格较大的人力物力财力成本。在进行加盟扩张时，井格是否可以考虑通过已经加盟且表现较好的门店以传帮带的形式带领新的加盟商。

（4）自品牌挖掘可能产生的问题。自品牌的创立，可能会加深企业的品牌影响力，扩大企业营收，但也可能损耗企业实力。井格2017年初进行的自品牌挖掘——等渔号，仅一年的时间就开店10家，这样的开店速度产生的成本是否能在后期的经营中顺利地收回及回本周期的长短需要认真考量。

（本部分执笔：王静）

第二章　创新餐饮的摸索之路

第一节　共享经济+平台

一、国内外共享餐饮平台案例研究

【摘　要】分享经济浪潮不仅席卷我们的日常生活的"住""行",如今也席卷到了"吃"上。本案例首先探讨了分享经济的内涵、类型、影响以及发展现状,并进一步分析目前国内外共享餐饮平台的发展及其对比,提出其发展的模式特征以及目前面临的挑战。分享经济浪潮刚刚开始,发展尚没有形成体系,而共享餐饮平台更是处于起步阶段,成长空间仍很大。

【关键词】共享餐饮平台;回家吃饭;Eatwith;分享经济

俗话说,旅游六要素"食住行游购娱",其中,"食住行"也是日常生活必不可少的重要元素。在共享经济浪潮下,"住"已经产生了以 Airbnb、途家、小猪短租等为代表的非标住宿共享互联网企业,"行"则诞生了 Uber、滴滴出行等私车共享出行类的独角兽公司。前两者在共享经济掀起层层波澜的同时,共享经济也不可避免地在"吃"的领域充分运转起来,然而在"吃"的层面,遇到的问题却远比"食""住"复杂得多。

（一）分享经济概况

1. 分享经济内涵

分享经济是公众将自己的闲置资源,通过社会化平台与他人分享,进而获得收入的经济现象。

具体来说,分享经济是信息革命发展到一定阶段后出现的新型经济形态。互联网（尤其是移动互联网）、宽带、云计算、大数据、物联网、移动支付、基于位置的服务（LBS）等现代信息技术及其创新应用的快速发展，推动了分享经济的发展。

同时，分享经济是连接供需的最优化资源配置方式。面对资源短缺与闲置浪费共存的难题，分享经济借助互联网能够迅速整合各类分散的闲置资源，准确发现多样化需求，实现供需双方快速匹配，并大幅降低交易成本。①

传统工业社会强调生产和收益最大化，崇尚资源与财富占有；信息社会强调以人为本和可持续发展，崇尚最佳体验与物尽其用。分享经济集中体现了新的消费观和发展观。闲置资源是前提，用户体验是核心，信任是基础，安全是保障，大众参与是条件，信息技术是支撑，资源利用效率最大化是目标。"不求拥有，但求所用"的价值观满足了当今了人性中固有的社会化交往、分享和自我实现的需求，也顺应了当前人类环保意识的觉醒。

2. 共享经济主要类型

目前针对分享经济类型划分尚未形成统一标准，角度不同，划分类型不同。比如按分享对象属性的不同，可以划分为如下类型：

一是产品分享，如汽车、设备、玩具、服装等，代表性平台企业有滴滴出行、Uber、RenttheRunway、易科学等。

二是空间分享，如住房、办公室、停车位、土地等，代表性平台企业有Airbnb、小猪短租、Wework、Landshare等。

三是知识技能分享，如智慧、知识、能力、经验等，代表性平台企业有猪八戒网、知乎网、Coursera、名医主刀等。

四是劳务分享，主要集中在生活服务行业，代表性平台企业有河狸家、阿姨来了、京东到家等。

五是资金分享，如P2P借贷、产品众筹、股权众筹等，代表性平台企业有LendingClub、Kickstarter、京东众筹、陆金所等。

六是生产能力分享，主要表现为一种协作生产方式，包括能源、工厂、农机设备、信息基础设施等，代表性平台企业有Applestore、Maschinenring、沈阳机床厂I5智能化数控系统、阿里巴巴"淘工厂"、Wi-Fi万能钥匙等。②

---

① 分享经济内涵参考工信部：中国分享经济发展报告，2016。
② 分享经济划分分类型参考工信部：中国分享经济发展报告，2016。

从满足用户需求的角度，分享经济也可以划分为以下种类：出行（滴滴出行/Uber）、住宿（Airbnb/小猪短租/V领地）、吃饭（回家吃饭/Eatwith）、穿衣（Rent the Runway/那衣服）、金融（Lending Club/人人贷）、学习（Coursera/MOOC中国）、就医（春雨医生/名医主刀）、旅行（马蜂窝/百度旅游）、生产（Apple store/淘工厂）、自媒体（虎嗅、章鱼TV）等。

3. 分享经济的影响

（1）助力大众创新

创新是生产要素的重新组合，通过分享、协作的方式搞创业创新，门槛更低、成本更小、速度更快，能够让更多的人参与进来。一方面，分享经济的发展使得生产要素的社会化使用更为便利，企业和个人可以按需租用设备、厂房及闲置生产能力，在更大范围内实现了生产要素与生产条件的最优组合，让创新变得更容易。另一方面，分享经济的发展降低了创新创业风险。对于很多创业者来说，借助分享经济平台进行低风险的"微创新"是实现更大创新的第一步。

（2）打造新增长点

从理论上看，分享经济通过刺激消费、提升生产效率、提高个人创新与创业能力，对于经济增长和社会福利起到积极作用。美国行动论坛的研究认为，2014年Uber、Lyft和Sidecar带来了5.19亿美元的经济增长。Airbnb在旧金山的一项调查显示，房屋分享带来了14%的新客户；在日本的一项调查表明，独特的旅游体验让游客会有再次旅游和重复旅游的欲望，28%的游客表示如果没有房屋分享将会缩短在当地的停留时间。根据腾讯研究院数据，美国分享经济2014年已经占到GDP3%，2015年中国分享经济规模约为1644亿美元，占GDP1.59%。分享经济在中国对于经济的整体拉动作用还存在较大发展空间，未来有望成为我国经济增长的新动能。[①]

（3）扩大有效供给

在传统模式下，企业无法准确把握消费者需求，产能过剩、库存高压普遍存在，而在分享经济模式下凡是"下单"的都是有需求的，需求变得清晰可见。同时，分享经济可以快速调动各类社会资源，提高供给的弹性和灵活度，能够较好地适应不断变化的消费需求。基于网络的互动评价系统可以及时反映供需双方的

---

① 腾讯研究院.中国分享经济风潮全景解读报告［EB/OL］.（2016-03-04）［2018-01-16］. http://www.useit.com.cn/thread-11511-1-1.html.

意见和要求，有利于提高供给的有效性。

（4）激发创新活力

分享经济使得人们可以在边际成本趋于零的条件下通过协作进行生产、消费和分享自己的商品和服务，这就会带来经济生活组织方式的新变化。在分享经济模式下，越来越多的个体可以通过平台直接对接用户，不必再依附于传统专业机构，这种新的组织方式被称为"大规模业余化"。在《人人时代》的作者克莱·舍基眼中，人与人之间形成一种临时的、短期的、当下的组合，而不是一种长期契约。另一方面，越来越多的企业、机构也会参与到分享经济中来，通过众包、众创等方式组织整合社会资源，参与到创新活动中来，大大提升创新效率，并大幅降低成本。比如，企业可以通过分享经济模式让全球最合适的人参与到产品的设计营销等活动中，政府部门也可以通过众包方式提供公共服务。

（5）实现低碳生存

分享经济对于环境保护的作用越来越被人们所认知。《共享经济》作者蔡斯认为，美国有五分之一的家庭生活用品从以前的购买转向租用，平均每年减少近1300万吨的使用量，从而降低了2%的二氧化碳排放量。法国学者德马依（Demailly）和诺威尔（Novel）认为，在分享经济充分发展的情况下，服装、汽车、家具、电话、电视、玩具、体育用品以及园艺工具等都是可分享的物品，通过分享可以减少20%的碳排放。汽车分享对环保的积极影响方面有更加翔实的数据支撑，如美国分享经济协会数据显示，每分享1辆汽车，可以减少13辆汽车的购买行为。滴滴出行发布的《中国智能出行2015大数据报告》报告显示，仅快车拼车和顺风车两个产品一年下来能节省5.1亿升汽油燃烧，减少1355万吨碳排放，相当于多种11.3亿棵树的生态补偿量。

（6）促进灵活就业

分享经济打破了传统的"全时雇佣"关系，在使就业方式更加灵活的同时，也增加了就业渠道与岗位。纽约大学教授Sundararajan研究称，2013年Uber在芝加哥创造了1049个新增就业岗位。在中国，整个家政行业的分享经济都是以灵活就业群体为主，全国家政行业大约有65万家企业，从业人员超过2500万人。分享经济给富有创造力的个人提供了一种全新的谋生方式，人们不必依托组织即可供应自己的劳动力和知识技能，使得拥有弹性工作时间的个人和缺乏弹性劳动力的企业、机构均能实现利益最大化。

（7）走向多元协同

分享经济为社会治理体系创新提供了机会窗口。一方面，分享经济的发展对创新治理体系提出了新要求；另一方面，分享经济也为构建新的治理体系提供了经验和支撑。如出行、住宿、网络金融、在线教育等领域的分享实践面临诸多制度空白或制约，原有的法律法规和政策需要进一步修改完善。同时，分享平台在发展过程中也逐步建立起基于大数据的治理机制，在保证平台正常运行的同时，也为社会治理积累了宝贵经验，为推动社会治理向多元化、开放性协同治理转型创造了良好条件。

（二）共享餐饮发展现状

互联网时代，人们对吃的选择更加多样化，互联网+餐饮的组合对传统的餐饮企业冲击巨大，线上O2O餐饮企业层出不穷，线下实体餐饮企业也在积极寻求线上合作，国内的互联网餐饮市场全产业链正在加速打通。在网络订餐、半成品餐饮、餐饮企业服务管理、互动分享细分领域内，都涌现出了大量的企业。既有像美团、大众点评、饿了么之类的巨头公司，也有扎根细分市场的小型互联网餐饮企业。

表1　主要餐饮电商类型

网络订餐	半成品餐饮	餐饮企业服务	互动分享
外卖： Grub hub、百度外卖、到家、饿了么、美团外卖 **私厨：** Eatwith、觅食、点大厨、爱大厨、回家吃饭	**生鲜配送：** FreshDirect、易果生鲜、爱鲜蜂、一米鲜、每日优鲜、冻品互联、本来生活、青年菜君	**团购：** Groupon、糯米、拉手网、美团、大众点评 **餐厅预订：** 宴请网、订餐小秘书 **餐企服务：** 美味不用等、客如云、好哇	**社区：** 豆果美食、下厨房、厨房故事、美食天下 **点评：** Yelp、大众点评、开饭啦

1. 主要共享餐饮企业

互联网+餐饮下的O2O企业中，共享餐饮企业只是其中的一部分，由于分享经济企业闲置资源的整合利用、剩余价值再利用、使用权的分享、去中心的点对点交互、平等与自愿以及建立解除关系的简单性特征使得共享餐饮企业与传统餐饮电商企业存在着一定的差别。

而共享餐饮的鼻祖则是美国的Eatwith和Kitchit，二者都是针对私厨订餐的互联网餐饮企业。EatWith 成立于 2012 年 2 月，口号是 The Future of Dining，目前包括全球 50 个国家 200 座城市的约 650 名房东都在该平台上为用户提供服务。这是一个界面和 Airbnb 有着异曲同工之妙的互联网平台公司，简约清爽，你可以选择当一个食客，在网站列出的一个个饭局里凭喜好选择用餐地、菜系等；你也可以选择当一个主人，设计菜单、布置餐桌，在页面上开一个饭局，接受吃货们的订单。一顿 EatWith 上的饭局，花费基本都在几十美金，几乎所有的食客评论都是物超所值。除了可以在家中设宴，EatWith 上还有一些临时饭点很受欢迎：比如露天街区、公园等地方，只要支起餐桌和吧台，一伙人聚在一块儿，就能吃得欢天喜地。而私厨从烹饪爱好者到职业厨师以及米其林餐厅厨师一应俱全，所擅长的菜系也是五花八门，这极大地满足了不同消费者的用餐需求。同时，重社交的饭局也可以让 Eatwith 的食客结识新朋友，围绕着餐桌交换话题，这种较高的社交属性备受食客们的青睐，与此同时对于私厨来说，通过出售餐位不但可以获得一笔不小的利润，而且，通过设宴认识新朋友，和美食爱好者一起进餐也是十分有趣的一件事。

目前，回家吃饭是中国最大的家庭厨房共享平台，自 2014 年 10 月上线以来，至今已拓展至北京、上海、广州、深圳、杭州五大城市，注册用户已超过百万，现已完成 B+ 轮融资。公司拥有员工近六百人，提倡"外卖"和"堂食"两种模式，分为厨房端和客户端，客户端以白领为主，厨房端都是城市的普通居民，以外卖配送、上门自取等多种配送方式，为忙碌的上班族提供家常菜。回家吃饭打出"安心饭菜，邻里共享"的口号，以"让厨艺与爱更有价值"的共享文化理念，召集了上万的家厨参与，受到都市上班族的青睐。

爱大厨创办于 2013 年，是国内专业厨师上门服务平台，由爱大厨（北京）信息技术有限公司开发并运营。爱大厨目前拥有超过 3500 名专业厨师，服务范围覆盖北京、上海、广州、深圳四大城市；上门厨师均通过严格身份审核与试菜考评，服务菜品涵盖鲁、川、粤、闽、苏、浙、湘、徽八大菜系及法餐、意餐、日韩料理等西餐和西点；在四至六菜 158 元的家常用餐服务之外，爱大厨的服务还包括家宴、生日宴、寿宴、公司聚餐、茶歇自助、年夜饭等私人订制高端宴请上门服务。用户通过爱大厨 App 或爱大厨微信公众号可在线预订，预约厨师上门，实现在家享受星级酒店般的餐饮服务。爱大厨的理念是：有爱，有大厨。爱大厨是一种生活方式，让厨师上门做饭成为一件普及的事：足不出户，尊享星级大厨上门服务。

吓咪旨在打造美食达人社群、社交饭局第一平台。吓咪的特色是线下互动组织，包括厨房社交、厨艺课堂、私人饭局、美食派对等多种活动方式。厨艺课堂，吓咪内部称为"课"，主要是培训教育课堂，用户可报名参与厨艺大咖开设的不同品类的厨艺教学课。私人饭局，吓咪内部称为"局"，主要是厨艺及自家餐厅共享，陌生人上门吃饭，inside 自己家里。美食派对，吓咪内部称为"趴"，主要是厨艺共享，但 outside 自己家，大家在外边找场所聚会。

2. 共享餐饮模式及特征

由上述典型共享餐饮特点归类，可以总结出共享餐饮企业的商业模式和特征。

C2C 模式：私厨上门和家厨共享是典型的 C2C 模式，大厨和家厨将自己擅长做的拿手菜放到平台上，顾客通过平台浏览和卖家联系，选择心仪的菜品下单，二者通过平台完成交易前后的完整流程。目前，多数共享餐饮企业均为典型的 C2C 模式。

B2B2C 模式：B2B2C 来源于目前的 B2B、B2C 模式的演变和完善，即把 B2C 和 C2C 结合起来，通过 B2B2C 模式的电子商务企业构建自己的物流供应链系统，提供统一的服务。资源整合能力和完善的物流配送体系是此模式的关键，如黄太吉工厂店，通过吸收第三方品牌，将所有的原材料以及半成品首先集中在外卖工厂里，通过标准化的设备和工艺，把工厂店的产能全部投入到外卖上，共享生产、物流终端配送。味蕾（前身为烧饭饭）则是把高水准的厨师集中在自建的中央厨房内，给用户做放心美味的外卖便当。这一模式的共享餐饮企业则是吸纳一群 C 端的消费者到自己的平台，形成一个大的 B 端，然后再由这一大的平台来直接面对客户端。

混合模式：此类模式是前几种模式的混合，典型的如吓咪，它以线下厨房为社交场所，结合美食爱好者的行为习惯，将美食场景分为体验美学、空间链接、跨界社群。简而言之就是通过平台结识"饭友"；与此同时共同分享并共同获得回报。

共享餐饮的特征之一在于其对于闲置家庭资源和劳动力的整合，最为典型的就是"阿姨经济"。家庭厨房共享的厨师群体是家庭主妇、退休的叔叔阿姨等，该平台成功激活了这类老年群体的生产力，在满足食客个性化饮食需求的同时，也让这些私厨有了经济回报。

特征之二在于促进了灵活就业，在共享经济浪潮下，工作形式更加灵活。共享餐饮平台不但让这些退休的叔叔阿姨重新就业，同时让那些生活中的美食爱好者、美食达人，在工作之余也有了可以在分享做美食的乐趣时获得收入的平台。

特征之三是社群活动。共享餐饮多打社交化餐饮牌，重视社交以及用餐过程中人际关系，强调"饭局"的概念，希望私厨带给食客的不仅仅是一顿饭，而是包含美食、社交、文化等多种元素在内的个性化饭局体验。私厨共享平台有一个最大的优势就是"人"。通过平台上的家厨与用户建立良好的关系，当平台积累了一定数量的家厨和用户，走社交化的路线也就变得顺其自然。私厨共享平台不仅仅要做一个分享美食的平台，还将围绕美食做社区和社交服务，例如在线上平台围绕社区提供综合类的服务，在线下组织社交活动，增加家厨和用户黏性的同时，产生附加值。

（三）共享餐饮发展困境

"Kitchit 的业务基础一直是很强大的，但我们的规模有限，无法战胜围绕在我们周围的喧嚣吵闹。所以我们不得已关上了大门，对客户、对主厨以及员工，我们怀着深深的歉疚；另一方面，我们认识到我们的市场根本没有准备好去迎接一个企业规模的业务。"2016 年 4 月，成立于 2011 年，曾经融资 801 万美元，致力于将厨师送到家中为食客烹饪大餐的 Kitchit 宣布倒闭。其创始人宣布，虽然其业务基础强大，受到很多好评，但是由于资金不足，无法应对竞争，不得已倒闭，戛然而止，死在了资本的脚下。

"厨师上门 O2O 服务是非标准化、完全增量的市场，很难实现规模化的业务扩张，无法做成一个估值 10 亿美元的公司。"2015 年烧饭饭创始人张志坚这样对外界介绍企业倒闭的原因，不只是厨师上门规模局限性，消费频次较低以及中国熟人社会主导的信任关系让私厨上门这一模式难以实现持续盈利，烧饭饭败在不可持续、不清晰的盈利模式。

上述案例企业只是在共享餐饮创业浪潮中倒下的典型企业，多数共享餐饮企业在度过前期烧钱阶段后都或多或少遇到棘手难题，行业的寒冬已然来临。

1. 烧钱补贴不可持续

目前共享餐饮企业盈利模式主要为佣金抽取，即溢价和增值，多数共享餐饮企业前期为了占据市场，纷纷通过高昂的补贴和优惠政策吸引消费者和私厨，为了保持家厨和用户资源，私厨共享平台对家厨和用户两端给予持续额度的补贴，而一旦补贴减少或者停止补给，对于养成了补贴思维的私厨和消费者来说，自然而然会选择其他高补贴平台，在烧钱的市场竞争中，自然会流失大量用户。

2. 食品安全难保障，监管空白

一方面"家庭厨房"的卫生监管存在缝隙，多数私厨与平台之间没有就食品安全问题签署任何保障协议。以回家吃饭为例，平台监督主要通过线上评价，线下监管并不严格，一旦出现食品安全问题，消费者、平台以及家厨的利益都将无法得到切实保护。由于监管空白，多数家厨也没有营业执照和餐饮卫生许可证，如回家吃饭理念主打情怀牌，希冀通过家的味道、放心菜的宣传打消顾客在食品安全上的顾虑，但是光靠情怀不能支撑用户的心理接受度。

3. 躲不过的政策

另一方面，在政策上，针对外卖平台频繁曝出的资质乱象，商务部、国家发改委早在2014年联合发布《餐饮业经营管理办法（试行）》，规定提供外送服务的餐饮经营者应具备营业资质。然而对于家厨这一更加特殊的餐饮经营者，涉及群体复杂，监管部门无法逐一对民宅进行探访，因此共享餐饮这一政策落实具有很大的难度。而在2016年10月《网络食品安全违法行为查处办法》简称：《办法》正式实施，《办法》明确规定，"通过第三方平台进行交易的食品生产经营者应当在其经营活动主页面显著位置公示其食品生产经营许可证。通过自建网站交易的食品生产经营者应当在其网站首页显著位置公示营业执照、食品生产经营许可证"。新的食品安全法对于多数私厨来说，拿到相关资质可能性微乎其微，这种政策困境下，共享餐饮的众多私厨都将被纳入监管部门的"黑名单"之内。

值得注意的是，最近上海、广州等地陆续出台关于网络餐饮监管的相关规定，积极探索网络餐饮食品安全治理之路。目前会对共享餐饮业产生什么样的影响还不得而见，但是可以明确的是，作为第三方平台的共享餐饮企业需要承担起更多的责任去加强平台私厨厨房卫生监管，通过抽查、重新考量准入标准、给私厨办理健康证、与保险机构合作推外卖险等方式，主动引导线上私厨加强食品安全意识，并使顾客及时回馈订餐信息。

4. 用户体验参差不齐

首先餐饮体验很难通过量化指标进行评价，因此也无法制定用户体验标准作为参考。此外，多数共享餐饮家厨的专业水平无法辨别，为用户带来的体验也参差不齐，满足不了小众化、个性化的需求。从定价机制上来看，也就更难把控。

5."假"私厨"真"外卖

起初多数共享餐饮打出的都是家厨牌，但是由于家厨的产出率较低，出菜数量无法匹配平台订单量，所以存在着为了提高出菜率，私厨或者平台雇佣职业厨师帮助接单。同时，对于做"一日三餐"场景的私厨平台来说，饿了么等外卖平台是最大的问题。当平台上的私厨能够做到一个小餐馆的运营水平时，很可能被饿了么等外卖平台直接挖走，这对共享餐饮企业来说是巨大的考验。

（四）"回家吃饭"线上用户体验

1. 网页流量分析

表2 2016年5~10月PC及APP端流量数据（数据来源SimilarWeb）

	总访问量	平均访问时间	每页访问时间	蹦失率
回家吃饭	26.8k	00：01：50	2.98s	58.77%
Eatwith	171.4k	00：02：10	3.50s	53.76%
爱大厨	775	00：01：21	1.80s	74.48%

由于互联网＋餐饮下的共享餐饮企业的用户行为多发生在线上，因此结合其在电脑及手机客户端浏览用户数据分析可以加深对行业的理解。数据来源于网页分析平台SimilarWeb，为了加深理解，选择对标企业Eatwith作为参考。重要指标如访问持续时间（Visit Duration）指的是每次访问、浏览子页面的数量和在网站上面停留的时间。通常来说访问持续时间是衡量访问用户是否认为网站友好，并进一步产生了解产品、推测购买消费的可能性的重要指标；访问持续时间太短，则被认为用户对于网站无兴趣，或者网站设计引起用户反感，用户点开即离开。

平均访问页数（Pages Per Visit）指的是平均每次访问网站所浏览的页面数。平均访问页数越多证明用户对网站产品了解的需求越大，可能产生购买消费的可能性也就越大。

蹦失率（Bounce Rate）是指用户浏览第一个页面就离开的访问次数占该入口总访问次数的比例。该指标可以直接体现出网站的登录页（Landing Page/Entry Page）是否具有足够的吸引力让访客深入访问，从而到达营销的目的。

由此可见，回家吃饭在各项指标上表现均优于爱大厨，一方面证明了回家吃饭在私厨共享上的领跑地位，但是根据网页分析得出的数据，也可以看出，无论是回家吃饭还是爱大厨，用户黏性都低于 Eatwith。同时，在产品领域，回家吃饭和爱大厨都在网页设计、图片处理、用户交互设计方面还具有可提升的空间，这些对于提升用户流量都是十分必要的。

2. APP 端用户点评

通过在苹果手机 App Store 获取回家吃饭 APP 评论数据，对评论进行归纳总结可得，回家吃饭用户评分 4.0 分（满分 5 分），用户对于回家吃饭这一款 APP 总体满意度较高。在所有好评里面，关键字有"温暖""家的味道""放心""干净卫生""家常菜"；在差评里，关键字往往包括"短信骚扰""贵""客服态度差""配送慢"这些内容。将用户点评作为重要参考指标，可以看出大多数用户对于平台的食品卫生还是比较放心的，家厨的菜品也比较能受到用户的喜爱。同时，不可忽略的是，多数用户抱怨的短信骚扰和配送问题严重影响用户的决策行为，此类问题是可以通过优化解决的。

（五）总结

共享经济的热潮远没有褪去，从共享出行到共享住宿、共享餐饮，在给人们的生活带来深刻变化的同时也在改变着行业的发展轨迹。如同滴滴出行、摩拜单车、Airbnb 遇到的重重困境和阻力一样，共享餐饮领域目前正遭遇一场寒冬，这场寒冬既有外力因素也有内部因素，正如回家吃饭创始人所说的那样，所有参与共享餐饮的企业都将面临这些困境，并在实践中探索推动行业发展，"伟大是熬出来的"。

（本部分执笔：黄伟）

二、从"回家吃饭"看美食共享之忧

【摘　要】美食共享近年来悄然兴起,一方面为家庭主妇提供了经济收入和社交机会,另一方面恰好可以满足没有时间做饭的年轻人的需求。以"回家吃饭"为例,这一共享平台强调"家"的理念,然而在菜品体检、平台体验和服务体验还没有达到"家"的感觉,价格贵、平台信任难以建立、监督机制不完善、服务难以标准化和规范化等问题凸显。继续塑造"家"的文化和氛围,充分利用顾客资源入户明访和暗访建立信任和监督机制是当务之急。

【关键词】共享经济、顾客体验、监督机制

(一)共享经济的内涵

共享经济在中国发展得如火如荼,据《中国分享经济发展报告2016》得知,中国2015年共享经济规模已经达到19 560亿元,提供服务的人数达5000万人,参与人数已达5亿人。那么共享经济的内涵是什么?对共享经济内涵的理解可以从其字面意思出发,"共"的反面即"私",也就是说把闲置的个人资源借助网络平台拿出来与他人共享。这里,个人资源包括私有财产、服务、技能等,共享的是商品或服务的使用权,而所有权没有发生改变。"享"即享受优越的体验,要保证共享平台的两端(顾客和服务提供者)有好的体验,可以是服务提供过程中的社交体验,也可以是提供优质的产品或服务体验。这样,共享活动才可以有效地持续下去。"经济"特别强调交易成本的降低,如顾客以更低的成本去获取服务,平台以较低的成本进行监督和控制。[1][2]

在共享经济迅猛发展的同时,也面临着种种挑战,从宏观上来说,共享的合法性是个较大的问题,没有得到政府的认可,并为传统行业带来冲击;从微观上来说,参与者门槛低,提供的产品或服务质量参差不齐,平台监管难以到位,交

---

[1] 马旭飞.共享经济的"正确打开方式".中欧商业评论,2015(11).
[2] 王家宝,教师,黄晴悦.当闲置资源遇见"互联网+"——分享经济的风靡之道.企业管理,2016(6).

易双方的信任关系难以建立等。

（二）美食共享现状

共享经济在各行各业有快速的发展，已经渗透到人们生活的方方面面，如房屋租赁、汽车租赁、餐饮、金融、教育、医疗、物流、旅游等。"民以食为天"，美食共享也悄然兴起，它对餐饮业的影响是重大而深远的。据调研，50%以上的年轻夫妻不愿做饭，又注重食物的安全性，所以能吃到安全的邻家饭是最好的选择。科技为陌生人之间美食共享提供了更广阔的平台，将美食供给和美食需求有效地匹配起来，为客户端和家厨端提供了信任机制和监督机制（App平台上的互评机制）。美食共享平台一方面为待业在家的家庭主妇或有大把时间的阿姨们提供了经济收入和社交机会，另一方面恰好可以满足没有时间做饭的年轻人的需求。

美食共享主要有两种商业模式：外卖式的和厨师被邀请到顾客家里的模式。外卖式的平台如回家吃饭、蹭饭、妈妈的菜和邻厨等。大部分美食共享是通过外卖形式满足顾客对饥饱的需求。烹饪美食的主要是家庭主妇或者有大量时间的"大妈"，配送美食的是由第三方物流、自送或自取完成。这种美食共享模式可能存在各种风险和信任问题，如家庭厨房难以管理，做菜肴用的食材难以保证。不少新闻爆料一些家厨的厨房环境较差，食材不新鲜。这种情况令人担忧，但又难以监管。

厨师被邀请到家里的平台如爱大厨和私人厨师。这些厨师都是经过企业培训的专业厨师，他们做出的美食质量更有保证。这种模式是在顾客家里完成的，可以由顾客来采购素材，但是体验又不一定满足。另外，让一个陌生的厨师来自己家里还是有一些怪异，而且这个厨师难以在有限的时间内做出多个菜肴以满足顾客的需求。现有的美食共享市场还处在"春秋"时期，每个平台都有自己的特色，但还没有出现巨无霸企业。下面将以回家吃饭为例探讨顾客体验和厨师体验的现状及挑战，并从平台管理的角度提供一些建议。

（三）回家吃饭平台的现状、挑战和出路

1. 回家吃饭平台介绍

"回家吃饭"是一个家庭厨房共享平台，提倡"外卖"和"堂食"两种模式，分为厨房端和客户端，客户端以白领为主，厨房端的使用者都是家在该城市的普通居民，以外卖配送、上门自取等多种配送方式，为忙碌的上班族提供安心可口

的家常菜。回家吃饭打出"安心饭菜,邻里共享"的口号,以"让厨艺与爱更有价值"的共享文化理念,召集了上万的家厨参与,也拥有过百万的用户。作者通过采访回家吃饭平台23位顾客、20位家厨、5位平台企业员工,从顾客体验和家厨体验的角度细致了解到美食共享平台的现状和挑战。

2.顾客体验的现状与挑战:

(1)菜品体验

总体来说,菜肴质量得到大部分顾客的认可,使顾客的个性化需求得以满足,但是顾客对价格还是有些疑虑。具体来说,回家吃饭宣传"家"的理念,已经深入人心。不少顾客对家厨比较信任,他们认为家厨用的是家庭厨房,其生产的产品无论是食品卫生还是食材质量会优于一般的餐饮企业。另外,顾客可以跟家厨沟通以满足自己特有的需要,如少盐、少油、多米饭等。他们认为家厨做的饭更实惠、合口、健康,不会放太多添加剂。

但是,还是有不少顾客对食品安全比较担忧,也有一些新闻爆出回家吃饭家庭厨房较为脏乱差。食品安全是美食中最普遍的问题,"回家吃饭"比较强调"家"的味道和"家"一般的安全,默认家厨会使用自家的粮油菜,但是家厨数量之多,分散之广,素质差异较大。平台监督主要通过线上评价,线下偶尔到家厨家里监督,但这远远不够。美食同房屋租赁 Airbnb 或滴滴出行不同,房屋类或打车类的共享服务是显性的、及时的、可以感受到的,而美食中食材顾客难以辨别,会长期隐性地影响人们的健康。

另外,不少顾客会觉得回家吃饭平台上每个菜的价格稍贵,一般在15元以上,还有单独的配送费(其他平台一般都没有),而平台现阶段提供的优惠活动无法满足顾客的需求,难以使顾客产生再次购买的欲望。

(2)App 平台体验

回家吃饭的 App 平台设计界面简洁、流畅、有趣(如每个家厨都会写自己的介绍和故事)、独特,契合"家"的主题。顾客可通过"菜系"选择自己喜欢的菜肴,使用"家厨捎句话"这类功能向家厨提出自己对菜品特有的需求。

然而,App 往往对家厨定位不精准导致配送困难,在顾客订购后,由于超出家厨的配送范围而造成拒单或拒送。另外,在选择多家家厨时,顾客在支付环节需要来回切换,并不能像其他平台一揽子购物那样顺畅。平台上一些功能设计不够人性化造成顾客体验不好,使得一些顾客离开这个平台。

（3）服务体验

平台要求家厨使用统一外卖餐具（如印有"回家吃饭"标识的的外卖盒、外卖袋以及一次性筷子），这些餐具有较高的质量，提升了顾客的体验。同其他外卖平台相比，家厨的服务态度更和善，如果遇到顾客对产品有特殊需求会进行电话确认；针对因为外送距离远或高峰时段无法送餐的情况，家厨会致电道歉。顾客在平台上进行的评价，家厨会进行一对一的回复。回家吃饭平台上，家厨更有服务意识，他们友好和谦逊的态度拉近了同顾客之间的距离和感情，强化了他们之间的社交互动。

然而在物流设计上，由于第三方配送不及时或家厨不熟悉周围环境，就会导致顾客无法按时就餐。另外，餐饮与其他行业可能有所区别，高峰期集中在11点到13点之间，家厨经常无法按时派送，结果菜品就会不新鲜或者变味变色，给顾客造成不好的体验。

3. 家厨体验和挑战

（1）家厨参与动机

不少家厨是一些没有稳定工作的家庭主妇，或者在家照看孩子的叔叔阿姨，他们参与回家吃饭最大的动机是增加经济收入，同时丰富社交生活；也有一些家厨有稳定的工作，但是为美食爱好者，会利用闲暇时间来烹饪，他们更希望得到他人的认可，并丰富生活。通过对20余位家厨的访谈，结果发现不同特征的家厨有不同的需求（如表1所示）：

表1　家厨特征和动机分析

家厨特征	主导需求	占比
收入偏低或不稳定	经济需求	较多
生活单调	社交需求	中等
收入中等且爱好烹饪	经济需求结合社交需求	较多
收入较高且追求自我价值	社交需求结合尊重需求	较少

（2）服务传递体验——物流配送体验

尤其在点餐高峰，配送成了最大的挑战。回家吃饭的配送方式有第三方配送、自送和上门自取三种。为缓解点餐高峰时段的送餐难问题，平台为家厨提供了第三方配送（达达配送或人人配送等），这会遇到很多问题：如不能及时接单（抢单时，无利可图便不接单）、不能及时送达（积累很多单一起配送，饭菜的温度和口感难以保证）、配送过程难以保证送餐质量（如汤溢出）等。有的家厨选择其他熟悉地形的派送员，而不是平台提供的，这样虽然会多付钱，但是送餐的服务质量可以保证。不少家厨会自己配送，但是高峰时段忙不过来，另外，也经常找不到顾客的位置。也有一些顾客会自己上门来取，可以顺便了解厨房环境和食材情况，他们吃着也会更放心。

（3）对平台公司提供产品的体验

在产品提供上，为了使得家厨传递统一的外部形象，平台要求家厨必须使用公司餐盒。餐盒价格不便宜，而且还有损坏，与售后沟通，售后难以联系并且不能有效地解决问题。

4. 平台公司存在的服务差距以及出路

综合顾客体验、家厨体验以及回家吃饭平台宣传的理念发现，回家吃饭提出的一些服务理念虽然得到一定程度的认可，但是还存在不少差距（如图1所示），下面将指出这些差距并提供一些出路：

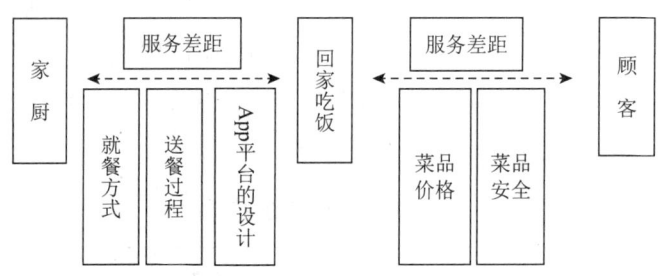

图1 回家吃饭的服务质量差距

（1）平台公司与顾客之间的服务差距以及出路

回家吃饭宣传"家"的理念，主要通过App平台上的家厨故事宣传"家"的文化和营造氛围，进而吸引顾客。在不少顾客心中"家"的文化得到一定程度的认可。但是共享经济连接的服务提供者——家厨来源广泛，难以监督，难免出现各种食品安全问题。在线点评是一种普遍的线上监督方式，这种监督更多是针对顾客可以直接感受到的菜品质量，如菜中是否有异物或菜的口味如何。而在现实中，餐饮是个关系民生且复杂的系统，厨房环境和食材的新鲜程度在很大程度上影响人的健康状况，回家吃饭平台随着家厨规模的增大难免会出现各种黑作坊现象。回家吃饭仅仅要求家厨有健康证，却没有对家厨进行严格、有体系的监督。一方面是由于回家吃饭平台没有太多的人力、物力进行线下监督，另一方面是家厨分布之广，确实难以监管。

针对共享经济出现监督难的情况，可以广泛调动顾客作为监督员。顾客规模之广，力量之大，又不用平台企业支付高昂的成本就可以对家厨进行有效的监督。第一，可以采取秘密顾客调研法。平台公司可以制定出顾客对家厨暗访的可操作流程，奖励他们一些优惠券，鼓励他们秘密上门取餐并拍照。第二，可以采取明访法。平台对顾客进行简单的培训，鼓励顾客对家厨不定期的明访，对家厨环境、冰箱里的食材和调料等进行取材，若家厨在食品安全上达不到要求，则给予不同程度的惩罚；对于严重没有达到要求的家厨，可以吊销其资格。广泛调动顾客也是共享经济中表现出来的一种现象，即把顾客闲置的时间资源充分利用起来。

不少顾客认为回家吃饭定的价格较贵，跟"家"的定义不同。回家吃饭公司强调定位白领，要求家厨菜的价格不低于15元，这是对家厨的定价自由的限制。由于回家吃饭规模还小，获得的投资也有限，并没有让予顾客太多的利益，也就违反了共享经济中强调的"经济"性。这与其他共享平台的现状有所不同，如滴滴出行给顾客和车主有较多的优惠，在同等服务提供的水平下，顾客总是以低于市场的价格获取服务。

不少共享平台为服务提供者提供建议价，而最终的定价权在服务提供者自己。回家吃饭平台可以给予家厨更多的定价自主权，一方面允许他们定较低的价格把一些利益让予顾客；另一方面，鼓励他们进行自主创新，如减少分量（不少女性顾客反映菜量大吃不完）、增加菜肴的多样化等，让顾客感觉到经济实惠。否则，回家吃饭难以与有大量优惠的外卖平台（如饿了么、百度外卖）进行有效竞争。

（2）平台公司与家厨之间的服务差距以及出路

平台公司和服务提供商的不和谐主要体现在用餐配送上。平台公司提供的第三方物流配送，无论是服务质量、服务态度、配送范围，不少家厨都表现出不满。平台App又无法准确定位顾客的位置，以至于造成送餐延误。

准确定位是共享平台的重要功能之一，如滴滴出行软件可以较好地定位顾客位置和要去的目的地。回家吃饭的平台公司也可以加强自己的平台技术，更精确地定位配送范围，或者准确地帮助家厨导航。对于平台的第三方物流，要对其有更好的管控措施和激励措施，以使得他们更高效和高质量地为家厨配送。

另外，回家吃饭平台最初特别提倡的"堂食"就餐模式，也没有得到很好的运行。堂食可以让顾客或游客体验当地的文化或家的感觉，然而由于种种原因，家厨一般拒绝堂食。这使得回家吃饭跟一般的外卖平台越来越像。回家吃饭平台应鼓励堂食形式，可以给予家厨一些经济鼓励。这样才可以有效突出回家吃饭的特色和竞争力。

（本部分执笔：马双）

三、美团外卖：餐饮外卖 O2O 行业的后起之秀

【摘　要】本案例重点描述了餐饮外卖 O2O 行业的后起之秀——美团外卖。通过对美团外卖发展历程、竞争优势、盈利模式的深度剖析，窥测餐饮外卖 O2O 企业的发展方向与未来预期。美团外卖在极短的时间内快速扩张、跑马圈地，目前已经做到了餐饮外卖 O2O 行业的领军者，然而外界质疑声依然不绝于耳。美团外卖究竟如何能在饿了么占领市场的四年后实现后来者居上？它的竞争优势是什么？通过什么方式来获得盈利？餐饮外卖这种低附加值、高频的业务究竟能否为企业创造价值？美团外卖的未来该通往何方？讨论这些问题有助于我们深入了解美团外卖的经营模式，以及餐饮外卖 O2O 行业的本质。

【关键词】美团外卖；餐饮外卖 O2O；后起之秀

据 Trustdata 发布的《2017 年上半年中国外卖行业发展分析报告》显示，2017 上半年外卖市场交易额近千亿，美团外卖占比 45.2%，近乎整个行业的"半壁江山"。2017 年 6 月 3 日，美团外卖宣布平台日完成订单量突破 1200 万单。这一纪录很快又被打破，10 月 4 日，美团外卖日完成订单量再创新高，一举冲至 1600 万单，日交易额突破 5 亿元，以 GMV 全球第一的体量成为国际领先的外卖 O2O 平台。"大体量、高转速"，这预示着以美团外卖为代表的餐饮外卖 O2O 企业已经跨越了创新鸿沟，步入了飞速增长的快车道，成为名副其实的"国民应用"。

美团外卖正式上线于 2013 年 11 月，相比起 2008 年开始涉水"餐饮外卖"领域的饿了么，只能算是后起之秀。然而，在短短的几年内，美团外卖以迅雷不及掩耳之势，跑马圈地，抢占市场，取得了累累战果。2017 年上半年，美团外卖获得了 45.2% 的市场份额，超越了饿了么与百度外卖加总 2.5 个百分点（其中饿了么占 36.4%，百度外卖占 6.3%）。用户黏性达到了 21.3%，用户的次月留存率达到了 50.2%，商家 DAU（日均活跃量）的峰值近 70 万，均处于行业第一的

地位。① 美团外卖究竟有何魔力呢？能使它在饿了么占领市场的四年后实现后来者居上？它究竟具有什么竞争优势？盈利模式是什么样的？餐饮外卖这种低附加值，且高频的业务能否为企业创造价值？美团外卖未来究竟路在何方？接下来的我们将逐一进行分析。

（一）发展历程

美团外卖是美团网旗下专业提供外卖服务的互联网订餐平台，于2013年11月正式上线。通过为用户提供网上订餐、网上支付、外卖配送等服务，美团外卖紧密联系着消费者和商家，为消费者提供了订餐便利的同时也帮助商家增加了销售收入。从组织架构层面来看，美团外卖是美团网基于布局T形战略而组建的外卖事业群，总部设在北京望京，负责人由美团网副总裁王慧文担任。

在成立之初，美团外卖沿袭了美团网快速占领市场的优良传统，2014年11月订单破百万，2015年12月日订单达到300万单，用户数量与市场占有率实现了快速增长，短时间内在国内一线二线城市达到较高的覆盖率。2016年8月，美团外卖日完成订单量突破了500万单，平台交易额过亿。2017年3月，订单量首次过千万。截止到目前，美团外卖覆盖城市数量超过1300座，活跃配送骑手数超30万，合作商户数超过100万，日完成订单量超过1600万单，是国内最大的外卖O2O平台，GMV体量也居于全球第一的水平。②2017年7月，美团外卖宣布平台累计用户数量突破2亿，成为首个进入2亿用户级别的外卖O2O。

2015年4月，美团外卖开始自建配送团队。它首先在北京地区进行小范围试验，积累经验，后逐步推广至全国的主要高消费群体集中区域；2015年10月，美团网与大众点评合并，成立新美大；2015年11月，美团外卖将品牌进行全面升级，如图1所示，其图标由一碗饭变成一只袋鼠，产品配色由橘黄色变为麦香色、栗壳色的搭配，广告语更新为"美团外卖，送啥都快"。品牌升级后，美团外卖的服务理念也更加丰富，增加了"全品类"这个概念，美团外卖在原有的主营餐饮外卖业务的基础上，将外卖业务拓展到了商超、鲜果、甜点饮品、鲜花蛋糕、药品等品类，拓宽了服务领域，丰富了服务内容。2016年7月，美团—大

---

① Trustdata外卖发展分析报告：美团外卖市场份额第一［EB/OL］.（2017-08-24）［2018-01-16］. http://tech.huanqiu.com/news/2017-08/11173644.html.

② 刘宏伟.美团外卖：日订单量超过1600万的自动化业务运维之路［EB/OL］.（2017-12-05）［2018-01-16］. https://www.sohu.com/a/208547676_411876.

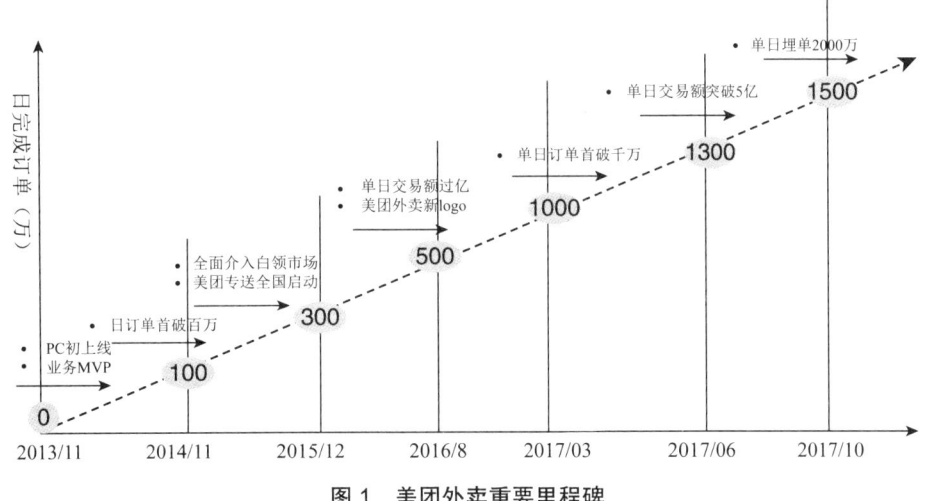

图 1　美团外卖重要里程碑

众点评与华润集团建立全面战略合作关系，获得华润创业联和基金战略投资，同时华润旗下华润万家、苏果超市、Tesco 超市及太平洋咖啡等零售店集体入驻美团外卖。2016 年 8 月，美团外卖上线"举报商家"功能，用户可以通过此功能投诉商家服务、卫生、资质等方面问题，同时推出举报奖励红包等机制，鼓励消费者参与监督举报。2017 年春节期间美团外卖对外宣布，春节期间不打烊继续向消费者提供外卖服务。

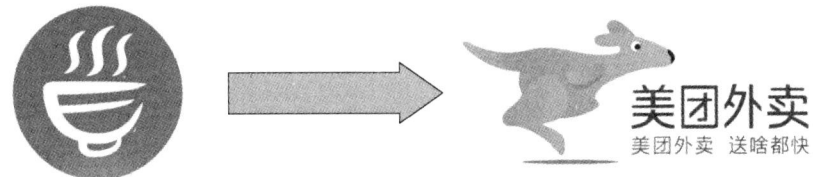

图 2　美团外卖 logo 的演变

（二）美团外卖的独特优势

美团外卖距离正式上线仅有四年，在如此短的一个时期内，平台累计用户突破了两亿，日完成订单量超过 1600 万单，成长为国内最大的外卖 O2O 平台，GMV 体量也居于行业全球第一的水平。如此迅猛的发展得益于美团外卖拥有如下两个独特优势：

1. 流量广，入口优

美团网是现今国内最大的生活服务类团购网站，2015年10月，与大众点评合并后，美团网市场份额跃升至团购市场80%以上。团购市场的迅猛发展和团购消费方式的普及推广，培养了消费者团购使用习惯和网上支付习惯，为美团外卖迅速发展打下了坚实基础。同时，美团网通过在团购、电影、酒店、云服务、餐饮等领域的T字形战略布局，覆盖商户450万家，活跃用户数量超过2.2亿，为美团外卖提供了巨大的流量入口。

2015年11月，腾讯宣布向美团点评注资10亿美元，成了美团的重要股东。此后，腾讯与美团网开展了多方面的深入合作。美团引入了微信支付，腾讯也为美团旗下的美团外卖开放了QQ和微信两个端口，这意味着美团外卖拥有来自美团外卖APP、美团APP、大众点评APP、微信钱包、微信小程序和手机QQ等多个入口。社交APP与外卖APP同样具有高频的特征，由此带来的联动效应十分显著。

2. 无坚不摧的地推军

美团网诞生于2010年，经历过风起云涌的五年千团大战（2011年国内团购网站的数量达到了5000余家），之所以能在最后杀出一条血路来，得益于美团网拥有一支特别能吃苦、特别能战斗的地推军。而这支地推军之所以拥有如此高的战斗力离不开创始人王兴身边的牛人——人称阿干的原阿里巴巴副总裁干嘉伟。阿干的加盟让美团对庞大的地推队伍的管理开始变得精细化、规范化，让美团很早就从草莽阶段进入野战军作战时代，迅速拉开了与竞争对手的距离。

美团外卖创始人王慧文正是与干嘉伟一同战斗的亲密伙伴，在此次千团大战中积累了丰富的实战经验。在创立初期，美团外卖便充分发挥了地推铁军的优良传统，在2014年平均每1.5天开拓一个城市，2014年2月上线了10个城市，2014年10月扩展到200个城市。2015年12月，在国内一线二线城市达到较高的覆盖率。截止到现在，美团外卖覆盖城市数量超过1300座，签约商家超过100万。正是由于有一支能力强、能吃苦的地推部队才使得美团外卖在如此短的时间内快速增加SKU，提高市场覆盖率，从饿了么口中夺食。

总结：对于互联网平台来说，最核心的要素包括三大块：供给、流量与履约。供给方面：拥有强大的地堆实力引入了足够数量的商户，而商户供给的多元性为平台用户的培育打下基础。流量方面：微信、QQ、美团APP、美团外卖

APP 等多个入口为业务带来了足够多的流量。履约方面：对于外卖平台来说主要指的是配送能否稳定。美团外卖在履约上与饿了么、百度外卖等竞争对手差异不大，然而，在流量与供给等方面具有先天优势。

（三）商业模式

商业模式，是指企业价值创造的基本逻辑，即企业在一定的价值链或价值网络中如何向客户提供产品/服务并获取利润的模式。通俗地说，就是创建一个事业并从中获得盈利的一整套方法①。商业模式的内涵是指获得盈利与创造价值的一整套系统体系。

根据美团点评负责人，美团外卖 CEO 王慧文的描述。我国的互联网企业可以分为两类："A 类指的是供给和履约在线上，B 类是供给和履约在线下。"A 类企业的典型代表为视频、游戏、直播、搜索引擎网站，如百度、腾讯、微博、网易；B 类企业的还可以分为两小类：以 SKU 为中心的 B1，以及以 LOCATION 为中心的 B2。类似于阿里巴巴、淘宝、京东的电商网站大多属于 B1，而美团外卖则属于 B2。美团外卖平台一头联系着商家，一头联系着消费者，其业务模式可以概括为基于 LBS 的（以 Location 为中心）且供给和履约在线下的 B2C 平台②。

从盈利模式构成要素来分析：美团外卖的利润对象为平台上超过 100 万的商家及与之相关的市场需求。利润点包括人流、资金流、信息流。人流指的是美团外卖平台给商家带来的流量；资金流即用户在美团外卖网站下单支付带来的资金沉淀；信息流即美团外卖作为一个连接商家与用户的互联网平台所带来的价值。利润源为配送费用、流水抽成、竞价排名、广告费用及增值收费。根据美团外卖业务负责人王莆中的描述，目前，美团外卖最主要的利润来源还是配送费用、流水抽成与广告收入。利润杠杆是指企业生产产品或服务以及吸引客户购买和使用企业产品或服务的一系列业务活动。对于美团外卖而言，主要体现为采用"自营+加盟+众包"的物流配送方式提高了送餐效率③；开发"邀请有奖""分享红包"等产品引起消费者疯传。利润屏障是指企业为防止竞争者掠夺本企业的利润而采

---

① 孙继伟，化蕴雯. 外卖O2O平台商业模式比较——以饿了么、美团外卖、到家美食会为例［J］. 企业管理，2016（02）：86-88.

② 王慧文.美团点评王慧文：互联网有AB面，最惨烈战争发生在B2［EB/OL］.（2017-12-15）［2018-01-16］.http://www.anyv.net/index.php/article-1809797.

③ 外卖O2O行业的众包物流模式［J］. 经济与管理，2016（5）：76-78.

取的防范措施，主要体现为美团外卖签约独家商家。

到目前为止，美团外卖已经取得了不错的成绩，然而由于前期投入了大量人力、物力、财力在市场培育上，美团外卖距离盈利仍有一到两年时间，对于这家刚破千万订单的外卖平台而言，规模化的盈利渠道仍在探索当中。线下餐饮相对于出行、旅游等行业标准化和互联网化程度低，体量却相对更大，因此改造难度较大。

眼下，在线外卖市场格局逐渐清晰，但又远未结束战斗：饿了么与支付宝达成深度合作，获得支付宝首页的应用入口，同时收购了专攻白领市场的百度外卖；滴滴出行也布局了外卖业务，外卖市场目前尚未分出胜负。后期随着市场渗透率的进一步提高及用户订餐习惯的培养完成，外卖市场的巨大潜力将加速释放，资源也将会加快向领先者集中。

短期来看，规模增长仍被美团外卖摆在第一位，目前一、二线城市的外卖市场已经培育的相对成熟，可以预见到未来规模增长的主要动力将来源于向三、四线城市的下沉。长期来看，美团外卖要做的还有很多。正如美团网战略会上所提出"深耕细作、戒骄戒躁"，要想真正打造国内外顶尖的外卖O2O平台，真正如其企业使命里所述，帮助人们吃得更好，活得更好，美团外卖还需要苦练基本功，以用户为导向，用极致的技术服务用户，满足用户高层次的需求，通过创新为用户创造实实在在的价值。

（本部分执笔：刘玲燕）

第二节　跨界餐饮

一、跨界营销，吃的就是这个"范儿"

【摘　要】跨界营销已成为餐饮界的一颗冉冉升起的新星，不止有"餐饮+X"，还有"X+餐饮"。本案例提出两种跨界"X+餐饮"经营模式——复合式经营模式和多元化战略经营模式，以无印良品、宜家和古驰为例，详细分析两种不同经营模式的跨界餐饮，为其他想要跨界到餐饮行业者提供参考。

【关键词】无印良品；宜家；古驰；子母品牌关系

（一）跨界——号角已吹响

跨界，指能够从不同角度诠释同一个产品的特征并且让产品的形象更为立体。作为一种新的营销传播方式，跨界营销成为时尚界、产业界、营销界等领域最受瞩目的话题之一，餐饮界也逐渐从这诱人的大市场中分得一杯羹。"跨界营销"的核心很大程度在于可以借别人的优势来补充自己的劣势，它打破了传统的营销思维模式，通过寻求非业内的合作伙伴，发挥不同类别品牌的协同效应，避免单独作战，同时达成"1+1>2"之势。

在传统的市场营销环境中，往往是各个企业或品牌单独作战，以花费高昂的代价缓慢地建立起自己的资源与平台。然而企业在发展过程中会发现由于自身实力有限，完全依靠自己的资源会面临市场销售增长与投入不对称、消费者认可品牌的程度低、接受品牌的时间长、品牌影响力严重不足等问题。由此可见，资源的封闭不利于企业的发展。跨界营销的最大优势便在于可以达到资源共享，通过打破传统的营销思维模式，寻求非业内的合作伙伴，实现客户资源、渠道资源、传播资源、销售平台、品牌号召力等资源的共享，最终提升品牌影响力。在品牌塑造方面，跨界营销能提升品牌的影响力和号召力，增加对潜在客户群体的吸引力，让品牌形象更为立体；也有利于使合作双方的品牌得到目标消费者的一致认可,从而在品牌竞争中更显优势。

中国饭店协会会长韩明也曾公开表示,"未来餐饮业不仅是传统的吃喝这么简单,更可能是餐饮服务的基本功能+主题文化+消费体验的平台型行业,跨界合作、跨界发展将成为通行做法"。① 因此,纵观现阶段餐饮业的发展现状,我们可以看到,一些活跃在互联网营销前沿的餐饮品牌正大举进军电影市场、时尚产业等,即形成了"餐饮+X"跨界经营模式,如以煎饼发家的黄太吉与影视公司进行合作,先后出品电影《似曾相识》《我要你开花》;新辣道鱼火锅与电影《小时代3》合作,以实现新的品牌卖点。除餐饮企业跨界其他行业外,我们还可以看到,越来越多的品牌与餐饮进行跨界融合,即形成了"X+餐饮"跨界经营模式,如王府井书店引入读者美食广场、MUJI无印良品跨界开餐厅、服饰领域韩国衣恋集团进军餐饮业务、奢侈品牌古驰打造时尚餐厅、家居巨头宜家布局餐饮业态,等等。一系列事实表明,竞争日益激烈的餐饮市场正在通过跨界营销寻求开辟一片新的蓝海。

对于"餐饮+X"跨界经营模式,人们并不感到稀奇了。餐饮企业无非是想借助"跨界"寻求强强联合的品牌协同效应,以获得新的品牌营销点,再通过娱乐营销、用餐环境的新鲜感来达到引领目的。而与之不同的是,"X+餐饮"模式或许更能吊足人们的胃口。面对这种跨界模式,人们不禁会心生谜团:诸如零售业、服饰业、家居业等餐饮外行能开好餐厅吗?他们经营的餐厅又会是怎样的风格?所经营的餐饮品牌又和母公司品牌有何关联?因此,本文将重点关注"X+餐饮"跨界经营模式,以典型案例对上述问题予以说明。

根据不同品牌跨界餐饮的目的不同,可将当下"X+餐饮"模式大致分为两种类型:复合式经营型和多元化战略型。复合式经营以MUJI无印良品、宜家家居等零售业为代表,将餐厅直接开在门店内部,目的是使餐饮文化与自身品牌文化融为一体,打造一个集休闲零售于一体的多方位文化景观。多元化战略型以服饰行业、奢侈品行业最为典型。以奢侈品为例,诸如路易威登、古驰、爱马仕等加码餐饮业态的动力无非是想通过开启多元化战略来扭转奢侈品在华困境,拓展产品线,为集团增加新的消费人群,因此多元化经营成为这些行业涉足餐饮的一大诱因。但无论基于哪类跨界目的,"X+餐饮"跨界经营模式都有着一个显著特

---

① 贺陈慧,张致宁. 餐饮+互联网,跨界营销寻觅新钱袋[EB/OL]. (2017-05-28)[2018-01-16]. https://www.iyiou.com/p/17947.

点，即餐饮是X（母公司）品牌延伸的表现，餐厅的经营服务理念会受母公司企业经营理念和品牌文化的直接影响。下文将首先对子母品牌关系进行解读，以帮助我们更好地理解"X+餐饮"这类跨界经营模式的典型特点。

（二）子母品牌关系解读

品牌资产对于一个企业来说尤为重要，其被认为是实施竞争性战略的源泉，通过创新和培育优秀品牌，企业可获取整体资产和变革的强有力支持。现阶段，因开发一个新的品牌费用高昂，还受到消费者对新产品认知的极大挑战，很多企业一般不愿意花费资源去开拓新品牌，而是基于强势品牌，延伸出新的品类，并对此进行品牌塑造，以向市场推出新的产品。当企业发展到一定程度后，这种多元化经营战略体现得尤为明显。企业利用自己创建起来的一个母品牌延伸到开发出多个子品牌，使品牌印象在客户或消费者的认知层面实现品牌利益最大化。相对于单体企业品牌建设来说，集团品牌建设更强调如何处理好母品牌和子品牌之间的印象关系。

对于母子品牌的关系，一般都认为要把母品牌和子品牌联系起来，使母品牌和子品牌形成良性互动，这样就可以借助于母品牌的影响力有效地推广子品牌；而子品牌的成功又可以反哺提升母品牌的品牌资产，在一定程度上可以增加母品牌的知名度，扩大母品牌的市场份额。但在实现过程中，拓展子品牌存在一定风险，其中诱发的一系列问题可能会威胁、稀释，甚至破坏母品牌所塑造的品牌形象。

从顾客视角来看，人们由于对某一事物的喜爱或厌恶，而产生对关联事物的"过分赞扬"或"过分贬低"，在组织行为学中，该现象被描述为"晕轮效应"，故消费者对子品牌的感知和评价会受到母品牌的直接影响。此外，顾客对母品牌产品的质量感知也是决定子品牌能否成功的关键因素。正因如此，我们也就不难理解，在"X+餐饮"跨界模式中，X（母公司）所代表的品牌形象及传递的品牌文化对其旗下餐厅有着直接而深刻的影响。

对于这一模式下的典型企业，如无印良品、宜家、各奢侈品行业等，母品牌已经在市场上建立起自己的竞争优势，具有良好的市场知名度与美誉度，且拥有大量的忠诚客户，具有不可动摇的市场地位。在这种情况下，其所经营的餐厅的影响力则来自母公司的实际作为，餐厅的品牌个性也源自于母品牌的共性。母品牌是涵盖企业行为、形象和精神的总范畴，故餐厅品牌的成长离不开其母品牌的涵养。

由此可见，子母品牌间有着千丝万缕的联系，尤其对于"X+餐饮"这类跨界模式来说，餐厅不仅是母公司的一大业务增长点，更是其品牌文化和品牌形象的直接体现。下文中将以具体的案例来说明"X+餐饮"跨界模式的这一显著特点。

（三）"X+餐饮"典型案例介绍

1. 复合式经营型——以无印良品、宜家为例

复合式经营型以无印良品、宜家等企业为典型代表，是指旗下子品牌餐厅直接开在商场门店内部，作为母品牌实际经营中的一部分，强调餐厅是购物体验的延伸。"X+餐饮"的这类跨界模式，使子母品牌文化相互融合，相得益彰，母公司的企业形象和经营理念在子品牌餐厅中得到了最直接而显著的体现。

（1）MUJI无印良品

1）MUJI无印良品企业简介

1980年无印良品诞生于日本，主推服装、生活杂货、食品等各类优质零售商品。其品牌名称"无印良品"是指"没有名字的优良商品"，各商品实物中均没有该品牌的logo标志。无印良品通过彻底实现商品生产流程的合理化，制造了简洁而舒心的低价位商品。

自品牌成立至今，无印良品自始至终坚持3个基本原则，即精选材质、修改工序、简化包装。正是基于这三个原则，无印良品重新审视了商品。例如，无印良品省略了纸浆的漂白工序，让纸张带有原始的淡米色，并将它用于包装材料或标签，结果打造了纯正而新鲜的商品群。与过于突出外表的一般商品相比，无印良品的商品群震惊了日本乃至全世界，取得了巨大的认同感。

从极为合理的生产工序中诞生的无印良品的商品非常简洁，就其风格而言却并非是极简主义风格。这就如"空容器"一样，正是因为其简单而空白，所以才会诞生接纳所有人思想的高度灵活性和终极自由性。节约资源、低价、简约、匿名、自然为本等都是对无印良品不偏不倚的真实写照。

现如今，无印良品的全球门店数量超过了700家，商品种类也遍及服装、生活杂货、食品乃至家居领域，总共7000余种。截至2016年12月12日，MUJI无印良品在中国大陆开出了200家门店。随着店铺的不断增多，无印良品从零售跨界到餐饮，再到酒店，不断丰富着其产品业态。

现阶段，无印良品已有 7 大跨界品牌，其中餐饮类就有三大品牌，如 Cafe MUJI，主打咖啡和茶，其最大的亮点是售卖以壶为单位的现泡茶；Café & Meal MUJI 餐厅则保持了 MUJI 一贯的"素之食"的概念，通过优选食材，以更自然的烹饪方式，少油、少糖、少盐，表现食材本身的风味，这与无印良品所宣扬的极简主义风格相得益彰；Café & Meal MUJI Bakery 供应 16 款全手工制作的美味面包，只是，相较于其他面包品牌花哨的装饰，MUJI 家的面包延续了 MUJI 一贯的"性冷淡风"，大部分产品长相普通。此外，无印良品还打造了 MUJI BOOKS[①]、Open MUJI[②]、MUJI to Go[③]、MUJI marche[④]等其他跨界子品牌，其 MUJI HOTEL 项目也已于 2017 年 12 月在深圳正式开业。可见，无印良品不仅在日用品零售上，还要在"吃"和"住"上影响中国中产阶级的生活方式。

2）Café&Meal MUJI：将素净感进行到底

有人说，"吃是对品牌最直接的验。"这话一点不假，如果你还尚未理解无印良品所宣扬的极简主义风格，那么，来 Café&Meal MUJI 饱餐一顿便可深有体会了。"就像刚摘下的番茄，整个咬下去，那种水灵灵带着甜甜的酸味。"Café&Meal MUJI 诠释的便是像这样的"素之食"的美味——充分利用充满阳光、土地、水的恩惠所渗透之后得来的素材之味。

Café&Meal MUJI 餐厅是无印良品旗下的餐厅品牌，保持 MUJI 一贯的"素之食"概念，推崇健康朴素的饮食，注重食材的原汁原味，每年有更新超过 100 种的菜式，菜品种类囊括热料理、冷料理、主食、甜品、饮品等。值得注意的是，Café&Meal MUJI 餐厅所推崇的"素之食"料理理念并非指全部是素食，而是充分利用大自然的恩惠，去体味食材本身的味道。如在餐厅的菜单中"南瓜藜麦沙拉"这道菜，其使用有机嫩南瓜，在烹饪过程中保留了南瓜本身的原味；并配以含粗纤维类谷物藜麦，在保留美好口感的同时，帮助降低胆固醇，帮助消化，保持优美身材。

---

① 上海旗舰店有3万多本精选的书籍，不仅在3楼以"衣、食、住、行、育、乐"六大主题展开集中上架，在每个楼层，MUJI更是将书籍与商品一同"编辑"，打造绝妙的场景化购物。
② 邀请艺术家和手工匠人，围绕着生活的各个领域展开精彩纷呈的讲座、工坊和展示会等活动。
③ MUJI to GO主要开设在机场内，面积相对更小一些，商品种类也更为集中，主要销售适合旅行人士购买的无印良品产品，包括锁轮拉杆箱、颈部靠枕、小零食、旅行装、化妆品等。
④ 出售生鲜食品。将从产地直接购买大小不一或形状"不规整"的蔬菜，放在门店或线上出售。除了外形不一的商品外，还会采购菜农没有卖掉的富余蔬菜，售价也会低于普通超市。

目前，Café&Meal MUJI 在国内共有两家店，分别是四川成都远洋太古里店和上海黄浦区淮海中路店。Café&Meal MUJI 延续着母品牌无印良品的简约、自然风格，并将品牌经营理念体现在餐厅的方方面面。

3）食材选取

在食材的选取上，MUJI 餐厅以日本为发源地，拜访世界各地，找寻当地的美味。一方面通过与生产者们的交流并采购当季最好的食材，另一方面也积极采用公平贸易及顾虑环境的耕种方法生产新鲜食材，并将当地才有的传统料理收录加工制成菜谱，不断尝试，让有历史的食文化在一代代中传承。为引导出自然的美味，Café&Meal MUJI 尽量都只做单纯的烹调，坚持使用天然材料，将化学调味料控制在最少，并坚决避免调味品和防腐剂的使用。

正是因为 Café&Meal MUJI 严格的食材选取标准，使得餐厅诞生了几款优质特色食材。

①石板大米

此款大米产于黑龙江省安宁市渤海镇。该地区位于北纬44°，地理位置非常适合大米的生长，年平均气温4.3摄氏度，昼长夜短。石板大米就种植在亿万年前火山喷发后形成的熔岩台地上，此种石板地富含多种对人体有益的微量元素。该地区白天气温高，水稻呼吸增强，合成更多葡萄糖、多糖、维生素等营养元素。夜晚气温低，水稻呼吸减弱，消耗能量减少，营养物质得以迅速累积，故产出的稻米质地如砂，营养丰富，口感清香甘甜。同时，灌溉水稻的水源为世界第二高山堰塞湖——境泊湖湖水，水质甘甜清冽，同样富含多种对人体有益的矿物质微量元素。Café&Meal MUJI 采用此款经过精心挑选且营养丰富的大米，致力于为广大喜爱 MUJI 的消费者带去更多的健康美味。

②有机牛奶

Café&Meal MUJI 的牛奶来源于中国南方地区唯一有机放养状态下的奶牛饲养基地——练江有机牧场。该牧场严格保持原有的纯天然环境、无污染状态，从土地、牧场到生产模式都严禁使用任何人工合成化学品，确保全程有机。牧场中目前放养着200头进口荷兰荷斯坦奶牛和英国娟姗奶牛，在远离城市喧嚣，以有机农业为根本的牧场中，有机奶牛可以悠闲地采食、散步。有机牛奶经过严格的生产管控，经过全程低温冷链运输每天新鲜直送 Café&Meal MUJI，确保在餐厅中享用美食的每一位顾客都能感受到高品质新鲜奶牛带来的营养、健康和美味。

③有机咖啡豆

在长期的寻找以及不断的试味过程中，MUJI 找到了国内为数不多的有机咖啡豆种植地，该基地位于云南普洱，拥有得天独厚的地理气候条件。这里平均海拔 1500 米，高海拔地区的咖啡生长周期长，从而积淀了丰富的营养物质，风味、口感、品质一流。根据咖啡的生长习性，这里的人们在雨林中种植咖啡，利用现有雨林树木为咖啡树"遮荫""保湿"，利用雨林的大自然条件，种植出的咖啡豆经过加工后使得 Café&Meal MUJI 的黑咖啡鲜香醇厚，口感顺滑。

4）就餐环境

就餐环境与氛围或许最能直接体现母品牌文化对餐厅整体风格的影响，以"素之食"为主题的无印良品餐厅 Café&Meal MUJI，保留着 MUJI 一贯的装修风格。餐厅所用的全套餐桌、餐具等均采用全木质椅，是 MUJI 无印良品专门为餐厅而设计的。此外，餐厅还设计了旧书籍的集约陈列墙，木制隔断上还陈列着 MUJI 各式概念品。餐厅门口处设有玻璃陈列墙，上面陈列着当季菜品和相应的价格。就连每个桌上的桌牌都写着一个大大的"素"字，寓意着 Café&Meal MUJI 推崇的"素食"料理理念。

5）烹饪理念

无印良品的品牌经营理念在餐厅烹饪方式中也得到了体现。Café&Meal MUJI 保持了 MUJI 一贯的"素之食"的概念，这里的"素"指的是食物最本真的味道，通过优选食材，以更自然的烹饪方式，少油、少糖、少盐，表现食材本身的风味。以餐厅中"和风筑煎煮"这道菜为例，菜品选用了多种蔬菜，并配以低脂鸡腿肉，用日式汤底慢火炖煮而成，从而使打造的菜品营养丰富、绿色健康。显然醉翁之意不在贩卖饭菜，而是以纯朴、简洁、环保的理念去营造一个食物空间，以其理念去营造一种生活哲学。餐厅从卖产品到卖文化，进而体现出 MUJI 这个品牌的特点。

6）点菜流程

在 Café&Meal MUJI，就连点菜流程也极具品牌特色，体现着 MUJI 一贯的简约、环保理念。

①点菜前，用餐顾客需先取留牌位，放置于空桌上以预留桌位。留牌位上还写有"木""水""声""种""良""素""米""麦"等鲜有重样的文字，这些字组合起来便代表着 MUJI 所推崇的简约、自然理念。

②放置预留牌后,顾客便可前往料理陈列柜前点餐了。MUJI的主食分冷料理和热料理两种,顾客首先任选三品/四品/五品套餐,然后选择自己喜欢的冷料或热料。这里的三品套餐包含热食2道+冷食(沙拉)1道;四品套餐包含热食2道+冷食(沙拉)2道;五品套餐包含热食3道+冷食(沙拉)2道。套餐中均包含饮品咖啡/红茶/乌龙茶,顾客亦可选择增味汤来代替饮品。

③选择完套餐后,顾客前往收银台支付。在结账前顾客仍可点选其他饮品或甜品。

④用餐后,顾客需要自己回收餐具,将餐盘放回专门的餐具回收处。

7)用户点评

顾客对餐厅的点评记录了他们当时最真实的感触和体验。以真切的文字所记录的所见所感,无疑是我们了解一家餐厅经营好坏的另一扇窗口。

以上海淮海中路店为例,大众点评网站上用户对该餐厅的评分达到了4颗星(最优为5颗星),顾客关注度最多的集中在就餐环境、卫生状况、菜品质量等方面。就餐厅环境而言,不少顾客以环境佳、自然、简约等语句描述对这家餐厅的印象,这也从侧面证实了MUJI所推崇的文化理念在Café&Meal MUJI的装修格调中得到了最直接的体现。

除了简约风的就餐环境,餐厅的卫生状况也得到了广大顾客的认可。从餐厅员工来看,Café&Meal MUJI对员工的卫生要求标准很高。员工在进吧台、操作间等之前必须洗手洗甲喷酒精消毒,餐厅还为员工配备了专门的围裙和头巾,要求员工在上卫生间时必须取下菜品直接接触的服装,且要求员工不能佩戴首饰。除了对员工卫生要求严格,Café&Meal MUJI在餐具和菜品卫生上更是严格把关。据网友点评,Café&Meal MUJI设有专门的冷热菜橱柜,分别控制恒温,出菜时员工做温度记录。为保证菜品的新鲜,不管有没有售罄,冷菜存储超过6小时就会弃掉,热菜超过4小时也会被丢弃。据悉,Café&Meal MUJI的菜品都是每日送鲜,对食材要求十分严格,这是MUJI"精致选材"原则的体现。

8)小结

由此可见,无印良品将"精选材质、修改工序、简化包装"这三大标准和简约、自然的经营理念渗透在餐厅的方方面面,无论是从食材选取上,还是风格打造上,抑或是烹饪理念和点菜流程上,Café&Meal MUJI都体现着其母品牌无印良品的品牌文化和经营理念。这就像Café&Meal MUJI所宣扬的那样,在

Café&Meal 舒适环境中，在与家人及朋友的愉快对话中，又或是一个人享受美味的时光中，品尝对身体的温柔、对世界温柔且鲜美的"素之食"吧。

（2）宜家

1）宜家企业简介

瑞典宜家集团（宜家家居 IKEA）于 1943 年创建于瑞典，现已成为全球最大的家具家居用品商家，销售主要包括座椅/沙发系列、办公用品、卧室系列、厨房系列、照明系列、纺织品、炊具系列、房屋储藏系列、儿童产品系列等约 10 000 个产品。自 2016 年 8 月 31 日，宜家集团在全球 28 个国家和地区拥有 328 个商场，其中，宜家在中国大陆有 20 余家分店，分布在中国的华北区、华南区和华中区等主要城市。

宜家将自己定位于价值驱动型公司，对居家生活充满热情。宜家所打造的每款产品，都体现了其创造更加美好的居家生活的理念。"为大众创造更加美好的日常生活"是宜家的愿景，公司的经营理念旨在"提供种类繁多、美观实用、老百姓买得起的家居用品"。

宜家的这一经营理念强调为大众提供经济实惠的家居装饰产品，而非仅为少数人服务。每款产品将功能、质量、设计、价值结合在一起，并始终牢记可持续发展理念。从设计、采购、包装、配送到业务模式，宜家经营理念存在于公司日常运营的每个环节，其目标是帮助更多人创造更好的家居生活。

为了得到大众的认可，宜家在设计产品时，始终将顾客的需求放在心里，势必做到质优价廉。此外，公司在持续发展壮大的同时，致力于对地球家园和大众带来全面的积极影响，努力做到益于人类、益于地球。比如，宜家产品所使用的棉花全部来自可持续的来源。在 2016 年，宜家所用木材有 61% 来自于 FSC ™认证的木材或回收木材。

熟知宜家的人们或许并不陌生，宜家将餐厅直接开在了宜家商场内，餐厅也秉持着宜家"物美价廉"优良传统和可持续的环保理念。

2）宜家餐厅

"宜家中国餐厅的销售额达到 10 亿元人民币，相当于中国商场整体销售额 105 亿元的十分之一。"这是宜家中国餐厅 2015 年的统计数据。由此看来，做家居的宜家在中国其实还是匹"餐饮黑马"，让餐饮界同行望尘莫及。

初期的宜家是不带餐厅的，只有小茶座。随着宜家的发展，小茶座逐渐发展成为餐厅，从最初的百来平方米发展到上千平方米。实际上，诞生于瑞典的宜家家居从创立之初，就秉持着创始人"饿着肚子促不成好生意"的理念，在每家宜家商场设立餐厅、咖啡吧等消费场所的最初目的也不是单纯为了盈利，更多的是用来增强宜家作为商业形态本身的整体吸引力和人气指数，增加顾客的滞留时间。但是，无心插柳柳成荫。当这一模式来到"民以食为天"的中国，更是显示出不小的威力。宜家餐厅吸引他们的地方主要不是口味，而在于快速、方便、可信赖的品质，以及可接受的价格。这与宜家的商业经营理念"提供种类繁多、美观实用、老百姓买得起的家居用品"相得益彰。

2015年，宜家在中国走访了五大城市，收集了1500个家庭的有效样本，发布了2016《中国都市人居家生活报告》，目的是了解中国家庭的烹饪和用餐习惯。宜家在调查中发现，中国人忙碌的生活压缩了平日一日三餐的时间，在工作日，大部分受访者做一顿饭的时间不超过30分钟，平均20分钟内就吃完晚餐，"速食"成了一种普遍现象。此外，中国人普遍拥有拥挤的厨房和用餐区，烹饪和用餐时需要家人的陪伴，而且愿意和孩子一起烹饪，享受在一起的时光。显然，宜家已经深谙此道。对他们而言，中国人围绕食物的日常家居生活更是关注重点。为此，在餐厅的选址上，宜家也是别出心裁。但凡宜家商场，无论是上海、北京、深圳等地，还是二、三线城市选址都会选择相对距离市中心偏远的地区。然而这种情况就会造成就餐难的问题，购物完了就必须解决就餐，但宜家周围的就餐环境并不那么好，所以就近就餐成为必然。因此，宜家将餐厅位置设于购物流程中，而非结账区之外，解决了顾客逛宜家就餐难的问题，但无形之中，也使得就餐成为逛宜家商场必不可少的流程之一，看似解决了顾客的痛点，实则是聚拢了客流。宜家的这一做法，可谓一箭双雕。

因起源于瑞士，宜家餐厅的大部分产品体现出瑞典饮食文化，并拥有宜家餐饮全球统一菜单包括生产标准及供餐标准。餐厅主打瑞士风味美食，如香烤淡熏三文鱼、香草三文鱼拼盘、热熏三文鱼配刀豆色拉等，并配以各种中式套餐，提供冷餐、热食、甜品、水果、饮料等。宜家餐厅为了更接地气，除了具有宜家标志性食品（如瑞典肉丸）外，在区域市场根据消费者口味的不同，推出一些本土化的食品，如重庆商场曾经在餐厅里卖过重庆小面，广州商场也因地制宜地推出过广式甜品。据说宜家中国的餐饮部会在全国划分五大区块，定期推出具有地域特点的美食。

在宜家餐厅全国最受欢迎的产品名单中，瑞典肉丸、三文鱼、冰激凌名列前三。其中，15元一份的瑞典肉丸，1块钱一个的冰激凌，搭建了宜家餐厅最为结实和雄厚的消费者基础，这成了宜家餐厅独一无二的特色，体现着宜家"经济实惠、买得起"这一经营理念。宜家餐厅从1979年开始提供招牌的瑞典肉丸，到2015年，仅仅中国市场上一年就能卖出600万份，这个号称只是为了延续消费者的购物体验而存在的餐厅，已经做成了仅中国市场年销售额就高达10个亿的生意，说它是一个隐性的餐饮巨鳄一点也不为过。

宜家餐厅除了在餐厅位置、食品售价上体现出明显的宜家特色外，餐厅的就餐环境、服务方式、食材选取也带有深深的宜家烙印。

①餐厅环境设计

身临宜家餐厅，映入眼帘的便是一家人可以围坐的大木桌，低垂的吊灯，特色的窗帘，为顾客营造出家的感觉。餐厅内所有餐桌、餐具全部采用宜家的产品，客人在用餐的同时亦是产品实物体验的过程，又给客人一种在自己家吃饭的自在氛围，热爱创意的人甚至可以在宜家餐厅中得到一些设计灵感。

②服务方式

和宜家产品销售的方式类似，宜家餐厅服务中更多的也是采用自助式服务。这种模式的好处之于消费者就是"美味不用等"，至于这种自选模式，商家当然是大大提高菜品单价。

为了同时满足不同消费人群的需求，餐厅组成部分包括：快捷用餐区、家庭用餐区、儿童游乐区、咖啡厅座位区，等等，一应俱全。

在细节和安全性上宜家也是做足了功课，特别针对0~12个月婴儿、幼儿，及老年人都设计了相应的服务设施，例如有的桌椅把手会设计成相对圆润的造型，没有锐角，当孩子在餐厅区域跑来跑去时会相对安全。每一个与顾客建立的沟通，都不可谓不贴心。

③食材选取

如果说餐厅的食品售价、服务方式等是宜家践行"质优价廉"经营理念的表现，那么宜家的另一发展理念——可持续的环保理念则更多的体现在餐厅食材的选取上。

自"可持续的居家生活"作为重要概念被提出以来，近两年，宜家在为应对全球气候问题上积极采取行动并扩大影响力，其中就包括在商场餐厅的食品系列里添加全新的素丸子菜品，这一举措看似寻常，但相比传统肉丸子，却能在制售全程为地球减少 3%~5% 的碳排放量。

随着消费者对"健康"这个话题的日渐关注，宜家餐厅在未来会提供更多的健康、低糖低脂的食品，来满足日渐增加的消费者对健康饮食的需求。比如，出于更为绿色健康的考虑，宜家餐厅除了瑞典肉丸，还开始销售鸡肉丸和蔬菜丸。同时，推出酸奶冰激凌和甜度更低的新饮品。宜家中国表示，菜品菜单方面会从原材料的采购源头来保证有更多高质量及可持续发展食材。比如 ASC/MSC 认证的海产品、UTZ 认证的咖啡及巧克力、低糖软饮，等等，并尽可能对原材料进行全程追溯，致力于为客人提供新鲜、健康的食物和饮品，充分保证消费者在宜家餐厅吃到最放心的食品。

以三文鱼为例，三文鱼（瑞典语叫作'LAX'）长期以来一直是斯堪的纳维亚的一种主食，美味且健康，蛋白质含量高，油脂富含人体必不可少的 $\Omega-3$ 脂肪酸、抗氧化剂、碘，及维生素 D、维生素 A 和维生素 B_{12} 等多种维生素和矿物质，是营养丰富的美味佳肴。宜家餐厅出售的三文鱼均从挪威进口，因挪威峡湾的冰海盛产美味的深海鱼，并与国际机构合作，奉行三文鱼的可持续养殖。从 2015 年 8 月至今，宜家餐厅所有的三文鱼均来自水产养殖管理委员会（ASC）认证的渔场。因为宜家一直相信：营养美味的产品也应该健康和环保。

此外，宜家餐厅也将这种可持续的健康理念呈现在菜单上。如盖饭类产品均带有"大米来自有机基地"的认证标志；三文鱼类食品也会标注"产自 ASC 认证负责任的养殖场"。

3）用户评价

与 Cafe&Meal MUJI 一样，大众点评上顾客对宜家餐厅的评分也达到了 4 颗星。从顾客对宜家餐厅的点评内容来看，不少客人都写到了"餐厅人很多""每次去都要排队""餐饮区很热闹"等字眼，这也从侧面说明了大家对宜家食品的认可。除此以外，客人提到最多的便是宜家餐厅售卖的 1 元 1 个的冰激凌、性价比超高的瑞士肉丸、烤翅、薯饼等，可见宜家所奉行的物美价廉理念已经深入人心。

2. 多元化战略型——以 1921 古驰餐厅为例

前文中已经提到，"X+ 餐饮"跨界模式的这一类型多见于服饰领域、奢侈品行业等。企业之所以跨界餐饮旨在通过跨界实现多元化经营，以拓展自己的产品线，扭转现阶段的困境。诸如路易威登、古驰、爱马仕等奢侈品品牌跨界餐饮均是出于这一目的。虽与无印良品、宜家的跨界目的不同，但奢侈品品牌惯有的高大上的形象也在其子品牌餐厅中得到了直接体现。下文将以古驰餐厅为例具体说明这一特点。

（1）古驰 Gucci 简介

古驰，1921年创立于佛罗伦萨，是全球卓越的奢华精品品牌之一，借由其独特的创意和革新，以及精湛的意大利工艺闻名于世。古驰隶属于开云集团（Kering Group）。开云集团旗下拥有众多极具影响力的精品、运动及生活方式品牌，是全球时装与配饰行业的翘楚。2015年1月，古驰新任首席执行官 Marco Bizzarri 任命亚力山卓·米开理为品牌全新创作总监，其将负责古驰所有系列的作品设计以及全球品牌形象。

①品牌文化

古驰 GUCCI 的标志设计就如同它的商品一样，奢华高贵。金黄的颜色与设计形式给人们带来的视觉体验都无可挑剔地展现其企业的气质，虽然说这样的奢侈品总是会让很多人望而却步，却在人们心中留下了美好的印象。

古驰的品牌标志具有整体性并且和谐，下方的图案体现出整个标志设计的核心，好的标志设计可以把一个企业推上更高的角度，而古驰在标志上就展现出一个更有质感的层次。华丽的设计感使整个古驰的企业标志设计在众多的品牌设计中更显雄风，也增添了其企业气势。

②品牌理念

"不断追求革新与卓越，以独有的现代视野重新演绎与影响时尚演进"是古驰一贯坚持的品牌理念。古驰的产品也代表了意大利极致手工艺对细节、品质的重视，呈现出浪漫、当代与令人激动的美学理念。

（2）1921 Gucci 餐厅

目前，古驰在国内仅有上海一家店，位于淮海中路环贸 iapm 商场。

仅从餐厅的装修风格看，便极具奢侈品的品牌风格和文化烙印，号称是全球唯一一家售卖正餐的古驰餐厅。古驰在 iapm 的餐厅，延续了古驰一贯的奢华简单的风格，以深色木质作为基调，并搭配以金色、米色调，低调中彰显高贵。从家具、餐具、菜单甚至餐巾，全都是 Gucci Ginza Only 的独创产品，上面还印有醒目的 1921Gucci 的 logo。

与多数高档餐厅不同的是，古驰餐厅走的是亲民路线。据悉，与一只价格不菲的古驰皮包相比，古驰餐厅的价格还算适中，午餐人均150元，晚餐人均300元。也就是说，买个古驰皮包的价钱，足以让你一个月内每天都去古驰餐厅吃顿饭了。除了价格上亲民外，古驰餐厅的服务业很接地气，餐厅经理会向你解释每一道菜的食材与古驰品牌的联系。

因古驰品牌创建于意大利，餐厅菜品主打意大利风味。不同于古驰开在佛罗伦萨、东京的咖啡店，在1921Gucci 餐厅，除了拿铁做出的古驰拉花字样或是提拉米苏上打着双 G 的 logo 外，从放在纯白盘子中的甜点上，客人看不到任何关于古驰的印记。

虽然在大众点评上顾客用古驰餐厅的评分不及4星，但顾客普遍认为餐厅环境幽雅、服务态度好、菜品精致，符合古驰低调奢华的品牌理念。

未来，1921古驰餐厅将在一定程度上承担品牌另一种形式的线下门店的功能，成为品牌门店体现的另一种转化形态。在穿戴设备、智能终端日趋成熟的条件下，未来古驰餐厅里的桌、椅等家具，杯子、碗、碟等餐具、餐巾、钟表、包等饰品都可能贴上二维码，消费者休闲用餐的同时，可以实现随时扫码购买。

（四）结语

新常态下，"互联网+"越来越成为产业发展的新动力，跨界合作、跨界发展逐渐成为餐饮业的通行做法。跨界营销不仅可以帮助企业提升品牌影响力和号召力，让品牌形象更为立体，还能够实现客户资源、渠道资源、传播资源、销售平台等资源的共享。基于这一点，"X+餐饮"跨界模式将这一优势体现得尤为明显。

在"X+餐饮"跨界模式中，母公司品牌与旗下的餐饮品牌可谓是相互影响、相互成就。通过这种跨界经营，一方面，母公司凭借强大的品牌优势，无需再花费高昂的成本搭建自己的资源与平台，而是借势自己的品牌文化，将企业经营理念渗透在餐厅中的方方面面，为子品牌餐厅直接带去了客户资源。另一方面，子品牌餐厅也承担着公司品牌宣传的作用，是母品牌文化的直接体现，也使得母公司品牌形象更加丰富和立体。除此以外，因子品牌餐厅中所用餐具或者标志等均直接来自母品牌产品，在一定程度上，餐厅还承担着品牌另一种形式的线下门店的宣传功能，因此又会为母品牌增加一定的客户群体。

除了感受到文化，在"X+餐饮"模式中，品牌传播不是目的，重要的是通过开设餐厅等达到了贩卖生活方式的目的,在巧妙地宣传了其品牌文化的同时,也牢牢地锁定了企业自己的消费群体。在顾客所认同的品牌文化背后,其实是顾客已悄然形成的消费习惯和消费理念。

无论是做零售起家的无印良品,还是家居巨头宜家,抑或是奢侈品品牌古驰,"X+餐饮"这一跨界模式正逐渐地从卖品牌、卖产品向卖生活方式转变,餐厅也正是品牌构建其生活方式的一部分。

(本部分执笔:李超然)

二、当餐饮企业遇上明星投资

【摘　要】 因为偶像明星天然拥有众多黏性较强的粉丝用户，因此明星在跨界投资时就拥有天然优势。除了潮牌服饰行业外，就数餐饮行业备受明星投资的青睐。本案例通过对"很高兴遇见你"和"热辣壹号"两个案例的分析，对目前明星投资餐饮企业所带来的优势和遇到的困难进行探究，希冀对明星未来餐饮投资提供建议和帮助。

【关键词】 很高兴遇见你；热辣壹号

（一）引言

随着互联网的不断普及，人们每天都在接收大量的信息，而人们的注意力又是有限的，甚至是非常稀缺的，这种不对等就催生了 IP 的产生。越是信息碎片化的时代，越需要 IP。这个时代，所有人都在发声，但不是所有人的声音都能被大众听到，所以越来越多的人需要借助 IP 的话来表达自己的意见，这样才能让自己的话听起来更有分量。正如电子商务和互联网营销的资深研究者吴声所言，IP 的概念不能只是局限于之前被影视圈炒得火热的著作权，更多的应该是一个泛化的概念，是一个超级 IP，可以是一部文学作品，可以是一个具体的人，可以是一个简单的符号，也可以是一个品牌。星巴克是咖啡界的超级 IP，琼瑶、明晓溪等是言情小说界的超级 IP，黎贝卡是"买买买"的超级 IP，熊本熊、Hello Kitty 和哆啦 A 梦是萌物界的超级 IP，Nike、Adidas 是休闲运动的超级 IP。

在如今的社会，每个人都是一个自媒体，可以在微博、微信、秒拍、一直播等平台建立自己的媒体库，个人之间的差距会越来越小，竞争也将愈演愈烈。在影视圈占据一席之地的明星大腕儿相比于其他竞争者，拥有更多"先天性"的优势，他们和自己的粉丝已经建立了一个强关系型的组织，粉丝后援会几乎无条件地支持自家爱豆的一切合理的行为，甚至有的粉丝会无条件地支持自己爱豆的一切行为。影视明星也都纷纷发现了粉丝这一拥有超级黏性的用户群，利用粉丝黏性来进行跨界投资。例如：将中国传统音乐和流行音乐完美融合的周杰伦不仅有在明星餐饮界占据一席之地的 Mr.J 餐厅，也有倡导低调华丽的潮牌 PHANTACi；著名节目主持人李晨和歌手潘玮柏合作的 NPC，开业半年就被公认为是中国街头文化的 New Project Center；湖南卫视著名主持人杜海涛的熊先生——坚持"绿色公民"的理念，致力于打造一个以设计、生产和销售潮流服饰、家居用品、时尚生活百货以及电子附属产品为主导的生活家居馆。

就目前而言，影视明星运用自己的实力和影响力成功跨界到餐饮企业的例子也是不胜枚举。如冯小刚、葛优和徐帆的不见不散，曾志伟的烹大师火锅达人，吴奇隆的柠檬叶子泰式概念火锅，胡歌的 Fount 上海新日料，孟非的孟非的小面，周杰伦旗下的 Mr.J 餐厅，薛之谦的上上谦串串香火锅，高圆圆的蜜桃餐厅，谢娜和小 S 的 MS SUGAR 蜜斯蜜糖，陈小春的七爷清汤腩，邓家佳的 Hi 辣火锅，郭德纲的郭家菜，任泉的蜀地传说，等等。这些明星大腕儿在宣传时，不会硬邦邦地推销自己餐厅的美食有多么诱人，也不会老老实实地讲自己餐厅所用的食材比别的品牌健康多少；他们会在自己的餐厅贴满自己的海报，还会时不时地出现在自己的餐厅，跟你聊聊美食和生活，亲切地和你合影留念，偶尔来一段耍宝的表演带给你出其不意的惊喜。这些营销手段更能增强顾客体验的满足感和惊喜感，聪明的明星不会为满足粉丝需求而提供产品，而是会引导粉丝的追求。

现阶段，粉丝的消费行为并不是人们常说的非理性的、过度的消费，粉丝和自家爱豆之间有一种隐形的纽带，所以粉丝的品牌忠诚度较高。明星偶像自身就是一种文化的体现，由此拉动的粉丝消费是包含某种特殊意义的符号性消费。但并不是偶像提供什么粉丝都会全盘接受，粉丝的消费行为越来越理性，粉丝看重的其实还是明星偶像生产的内容，他们是内容的关注者和传递者。粉丝不是由一个个毫不相关的个体组成，而是一个有着许多相似点的社群，他们有着共同的兴趣爱好、共同的认知体系以及共同的价值观，他们之间也有一种极强的信任关系，他们组合在一起会产生巨大的群蜂效应，所以粉丝的传播能力不容小觑。由此可以预见，在不久的将来，所有的产业最重要的生产力体现在内容的产出上，所有的公司、品牌、个人都将是内容的提供者。在餐饮行业，明星投资的餐饮企业在起点上是高于其他餐饮企业的，因为有大量潜在的客户群即粉丝，而且现在正是"粉丝经济"的时代。有明星加入的餐厅就相当于有了一个好的门票，进了门以后怎么玩，还是要看运营管理的基本功。比如，郭德纲可谓是中国相声界的领军人物，只是新浪微博就有 6751 万个粉丝，2009 年底开业的郭家菜因菜品性价比低，于 2013 年黯然关门。再比如，人见人爱、火遍大江南北的"小燕子"赵薇投资了上百万的"乐福餐厅"，自己不仅经常带明星朋友去吃饭，而且在餐厅举行电影的发布会和庆功宴，但生意依然十分惨淡，经营了不到一年的时间便草草收场。

本文主要选取韩寒等人的很高兴遇见你和任泉、李冰冰、黄晓明、何炅、黄渤、井柏然的热辣壹号两个有代表性的餐饮企业进行分析，拟从中发现明星投资餐饮企业时需要重点关注的问题。

（二）具有代表性的餐饮企业

1. 很高兴遇见你

（1）企业简介

很高兴遇见你是由韩寒、朱威廉和 Alan 三人合伙投资开设的以爱情主题+米其林菜品为主的人气餐厅。很高兴遇见你是一个文艺的归属地，韩寒定义的餐厅并不是纯粹的餐厅，而是一种生活方式。"餐厅"的目的是让大家吃好喝好，而"生活方式"的目的是让一群相似的人聚集在一起，形成一个相互联系的社群。2014 年第一家很高兴遇见你在上海开业，强大的明星效应、独特的韩寒式文艺范儿再加上极具创意的米其林菜品使其一举成名。

很高兴遇见你餐厅的装修风格具有超强的文艺范儿，随处可见的"很高兴遇见你"的 logo，略微昏暗的灯光为整个餐厅营造出一种神秘、小资的情调。餐厅独具特色的菜品名称也引起了不少关注，有的源自韩寒的文学作品，有的源自当红的影视作品，还有一些很有诗意的名称，部分菜品已经被消费者称为网红菜。例如，你没吃过我的豆腐、北京味的鸭馅饼、纸牌屋肋排、来自星星的炸鸡、一座城池、寒之寒、三重门、不离不弃提拉米苏、你侬我侬蛤蜊汤等。菜单的设计也是清新脱俗，每个菜品均配有可爱贴切的手绘小图，可以说是煞费苦心，将新颖、创意的元素渗透到方方面面。截止到 2017 年 1 月，在短短不到 3 年的时间内，很高兴遇见你在全国各地开花，北京、上海、广州、深圳、杭州、无锡、宁波、绍兴等一、二、三线城市均有布点，发展势头相当迅猛。以韩寒为宣传的"噱头"，成功吸引全国各地的粉丝前去消费体验。80 后的文艺青年听到韩寒开了一个餐厅激动地睡不着觉，不由自主地勾起自己初中、高中年代挤出时间读韩寒小说的美好回忆，这些人去"很高兴遇见你"不是单纯地为了吃饭，而是回味逝去的青春。

（2）创业团队

本部分主要是简单介绍一下三个合伙人的一些基本情况：

第一位——韩寒，一个具有多重身份的超级 IP，既是一个 2010 年登上第五届中国作家富豪榜排名第 8 位的才华横溢的优秀作家；又是一个在影视界激起一片波澜的新锐导演；还是一个认真酷帅的职业赛车手；当然，现在还是中国的"国民岳父"，只是在新浪微博上就拥有 4310.6 万的粉丝。韩寒无疑是 80 后的鲜活标签，他是很高兴遇见你的"门面担当"。提起很高兴遇见你，大多数人第一反应就是将其和韩寒联系起来，所以很高兴遇见你的大部分顾客都是冲着韩寒而入店体验的。但实际上，韩寒虽是合伙人之一，但作为公众人物，他有自己的事业重心，几乎不怎么参与很高兴遇见你的运营管理，也不会过问专业的菜品研发的问题。

第二位——朱威廉，1971 年 3 月 7 日出生在美国南加州的美籍华人，他是一个酷爱创业的奇才。1994 年创办了联美广告公司，两年后将其卖给国际传媒公司 OmniCom。1997 年，创建了倡导纯文学的榕树下，郭敬明、韩寒、安妮宝贝、慕容雪村、饶雪漫、宁财神、李寻欢等许多新锐作家起源于此。2002 年，因资金问题将"榕树下"以 1000 万美元卖给贝塔斯曼，但之后"榕树下"的运营并不尽如人意。之后，朱威廉在盛大和天联世纪任职 4 年，2007 年，朱威廉投资创办了做网游的暴雨娱乐公司。要说朱威廉和餐饮的联系也就不得不回到他 12 岁那年。他帮着父亲经营 7 家餐馆，在餐厅帮忙之余，他在思考如何能够提高餐馆运作的效率。15 岁那年，他向父亲提议要将餐厅的销售数据输入电脑系统，建立客史档案并根据客人需求合理分配 7 个餐馆的资源，所以在餐馆二次用餐的顾客不需要再次重复自己的需求。对于那些订餐的顾客，电脑系统会根据顾客的所在地选择最近的餐厅，所以餐馆在提高效率的基础上还改善了顾客的用餐体验，而且那一年餐馆的营业额增加了 100 万美元。在很高兴遇见你，朱威廉以其自身优势主要负责资本运作和运营管理，他每次创业的核心思想都是要将企业做大做强，所以"很高兴遇见你"也不例外，疯狂地布局开店，想要将很高兴遇见你运行上市。

第三位——Alan，中文名余溟烨，自幼在父母经营的中餐馆长大，凭着极其浓烈的兴趣和吃苦耐劳的精神，Alan 用了 8 年时间，从一个无名小卒做到了世界顶级餐厅的行政总厨。之后 Alan 的工作都与餐饮有关，越做越精。直到 2013

年10月，他游玩之余发微博@朱威廉，两人畅谈一番，得知朱威廉有意和韩寒合开一个连锁餐厅，两人一拍即合，之后就选址、合作模式等细节展开了讨论，于是第一家很高兴遇见你就这么诞生了。Alan在厨师圈小有名气，为人十分和蔼，平日里经常在厨房里埋头钻研菜品，学员们对他很是崇拜。最开始的厨师团队是Alan自己带过来的，随着店面的快速扩张，他们也会从培训学校和烹饪学校招聘员工。

（3）商业模式

2014年，第一家很高兴遇见你开业，因为餐饮的复制相对而言较为简单，所以很高兴遇见你采用的是能够快速铺店抢占市场的连锁经营模式。截止到2015年3月20日，很高兴遇见你便迅速在上海、南京、杭州、无锡4个城市扎根，共有16家店面。截止到2017年初，很高兴遇见你在全国已经有48家门店。但是由于人力、物力资源的有限性，三个合伙人并不能做到事无巨细，也不能保证能够招到高素质的员工，为达到规模很高兴遇见你开始允许加盟。加盟店的质量把控就成了一大难题，加盟商和品牌之间相互影响，如何管理加盟商的经营运作、加盟商如何反哺品牌就成了一个急需解决的问题，加盟店一旦出现负面信息，对于品牌的影响是巨大的。消费者不会去关心这家店是直营还是加盟，消费者关注的就是这个品牌的体验，一次不好的体验很有可能波及对于整个品牌的评价。事实也证明，迅速扩张的同时很多细节就很难顾及到，因此会出现许多意想不到的问题。

（4）发展现状

许多人对很高兴遇见你刚开业时千人排队的场景还记忆犹新，现在的经营状况不如之前那样火爆，偶尔也会有空落落的现象，到底是什么让很高兴遇见你陷入了如此窘境？一个有故事的名字，一个有故事的老板，但很高兴遇见你目前的口碑并不是那么尽如人意。以大众点评上评论最多的朝阳大悦城店为例，截止到2017年2月16日，共有点评5854条，其中五星评价3243条，四星评价1576条，三星及以下点评1035条，而且对于"口味"评价的均分8.0分（满分10分）、"环境"均分8.9分（满分10分）、"服务"均分8.2分（满分10分），好评率并未达到预期的效果，大多是在评价菜品的质量、价格和服务，可见餐饮企业的硬实力很重要，软文化可以驱动顾客进入餐厅进行消费，菜品质量、价格和服务等可以决定顾客消费多少以及顾客的重购率。

此外，通过搜索近期新闻我们可以发现，很高兴遇见你的确在运营中存在一些问题。2015年10月，因为在未取得营业执照的情况下擅自从事餐饮服务经营以及无法开发票等问题，宁波的很高兴遇见你餐厅被当地市场监管部门没收违法所得并罚款28万多元，处罚决定书于10月15日送达。同样是这家店，在开业约一年后便悄然关门歇业了，之后还遭遇到了供货商上门讨债的难堪。2016年8月，苏州的门店遭遇装修公司讨薪。一波未平一波又起，2016年11月，武汉的"很高兴遇见你"餐厅因为无证经营、鼠患严重，直接被关门。武汉市食品药品监督管理局在自己的官方微博上一点不跟韩寒客气："食品安全，不论你来头多大，只要触及了消费者的健康底线，就必须整改甚至关门。"武汉的很高兴遇见你在经营了将近一年的时间后，在执法人员查证时拿不出"食品经营许可证"，员工没有按照门店要求合理着装，制冰机没有及时清洗，最为严重的是仓库的货架上有许多老鼠屎，一些食品的包装袋已经被老鼠咬破，甚至在某些餐桌上也发现有老鼠屎，鼠患问题严重违反了食品安全法的要求。

2. 热辣壹号

（1）企业简介

提起火锅，尤其在冬天，消费者通常对火锅有着极大的喜爱度和忠诚度，朋友聚会等选择火锅的频率较高。消费者在选择吃火锅时最大的担忧则是卫生问题，因为火锅油重复使用的现象屡见不鲜。热辣壹号就是看准了火锅市场上的商机，秉持健康火锅的理念，承诺从根本上杜绝火锅油重复使用，坚持一次性用油，严格执行国家相关食品安全规范，在保持火锅口味正宗、安全、健康、美味基础上，在原料和工艺上对菜品进行创新。火锅是传统的火锅形式，加上投资者时尚前沿的形象，热辣壹号将老概念创新化、传统元素时尚化，是集火锅文化研究与传播、火锅专业人才培养、火锅产品开发、火锅原材料配送等产业于一体的多元化、现代化连锁品牌。由于非常重视顾客的感受，努力打造优质服务，结合股东的明星效应，热辣壹号已经迅速成为国内知名品牌，目前公司已经在北京、上海、天津拥有多家直营连锁门店，并计划未来三年内在全国布局80~100家门店，同时拓展海外市场，成为中国川式火锅最具有代表性的餐饮品牌。

（2）创业团队

2014年，任泉、李冰冰、黄晓明共同投资开办了热辣壹号，开业之后生意一直比较火爆，在华北的许多地方都有分店，2015年，何炅、黄渤和井柏然也加入投资，形成了强大的合伙人制度。

首先简单介绍一下热辣壹号的合伙人。第一位——任泉，一个被称之为"站在习大大背后的男人"，新浪微博拥有1131万粉丝，他可谓是娱乐圈最成功的餐饮人，任泉主营的餐饮品牌不仅有名声大噪的热辣壹号，还有蜀地传说北京香天下等经营良好的品牌。多数明星餐饮企业明星只是投资挂名，经营管理大都是其他合伙人或是家人代为打理，所以在运营过程中就会遇到各种各样的问题，许多这样的餐厅开业三个月就做不下去了。但任泉不一样，他在餐厅都会亲力亲为，甚至为了能够全身心地投入到餐厅的运营管理中，他渐渐淡出娱乐圈，不再接手影视作品。2016年3月17日，任泉在微博上发布文章《任泉息影：专注是件美丽的事》，正式宣布不演戏了。任泉非常清晰地认识到热辣壹号的状况，他的策略和很高兴遇见你的截然不同，他认为企业不能走得太快，要把一切准备工作做妥当之后在开业，所以热辣壹号对于开店质量的重视度要高于开店速度的重视度，要保质保量地进行。

李冰冰，好莱坞经纪公司UTA签约的唯一华人女星，新浪微博粉丝有3915万粉丝，她与餐饮的渊源是因任泉而起。任泉大学毕业想开一间小餐馆时，曾向李冰冰借钱筹资，李冰冰虽不看好任泉，但依然借给他4万元。最初的4万元如果作为投资的话，十五六年后的回报将会是几百倍。2013年任泉想要再次创业，成立一个新的品牌，这次找李冰冰合作时，李冰冰毫不犹豫地答应了，还找来了他们共同的明星好友——黄晓明一起投资经营，这个新的品牌即为"热辣壹号"。黄晓明，新浪微博粉丝量高达5200万，至今已连续十几年登上福布斯中国名人榜，是娱乐圈内数一数二的理财高手，投资范围较广，涉及红酒、高尔夫俱乐部、影视剧、互联网、环保及医疗等多个领域，正式涉足餐饮业就是热辣壹号。

2015年，不断跨界的井柏然、湖南卫视当家主持人何炅、睿智机敏的黄渤宣布加入热辣壹号。井柏然，新浪微博粉丝2193万，从歌手转型演员，之后又发行了一本《小井想要一部时光机》，创造了京东抢购的最高纪录，2015年开始正式涉足餐饮业。何炅，新浪微博粉丝有8360万之多，他不仅是湖南卫视的当家主持人，还是阿里音乐的COO，是娱乐圈中口碑超好的Social King，智慧、温暖的何老师在节目和生活中总能照顾全局，不管是嘉宾、还是观众，抑或是搭档乃至镜头。何炅近几年也在尝试跨界，2008年和马可等主持人参与投资的咖啡之翼全新VIP会所翼室翼厅正式开张，2015年一部《栀子花开》圆了自己的导演梦，唱吧的2016"我行我唱"年度盛典上宣布了何炅成为其投资人之一，2015年加入热辣壹号也是为何炅的商业道路开辟了一块新的战地。金马奖历史上第一个来自大陆的主持人黄渤，新浪微博粉丝量达3005万，他不仅是50亿票房影帝，还是暖心机智的国民"坏"叔叔。黄渤以歌手出道，机缘巧合，以演员成名。他在日常生活中不时地会展现出自己的高情商，机智地用一句话为别人解围，也可以轻松地用几句话得体地拒绝别人，做事很有分寸，知道适可而止。关于黄渤的跨界可谓是丰富多彩，开过店、配过音、跳过舞、唱过歌、开过工厂。黄渤与餐饮的联系，起源于2010年开业的开海红岛海鲜虾水饺，黄渤是其投资人之一，开海红岛海鲜虾水饺现在在青岛已经几乎是家喻户晓，目前有3家门店。2015年加入热辣壹号是黄渤在餐饮业投资范围的进一步扩大。

（3）商业模式

热辣壹号定位于时尚潮流的年轻消费者群体，它不仅仅是一个火锅店，也是投资者自己乃至许多圈内明星资源做线下互动和衍生品的消费，是许多电影等宣传推广的极好的平台。热辣壹号是一个多元化、现代化的连锁品牌，所以它的目标也是快速复制，尽快实现规模化。热辣壹号还有这样一个目标：打通明星资源。但是就目前的形势而言，热辣壹号走的是不慌不忙地稳扎稳打的战略，任泉的团队经过多年的经营后，深刻地认识到无论老板是多么大腕儿的明星艺人，无论装修风格如何高大上，顾客进店最主要的目的是享受美食，所以他们对口味的把控非常严格。同样，他们对于开店的质量要求也是相当之高，所以热辣壹号在起步阶段并没有广泛铺店。他们在摸索中前进，不断尝试着，努力做出一个成熟的范式，然后扩展开来，有效减少后续投资者的风险，减少因不成熟造成的品牌印象受损。

热辣壹号的发展采取的是矩阵营销的互联网思维，运用全球化的矩阵模式。除了拓展国内市场之外，目前已经将触角伸到了国外，美国、新加坡、加拿大等地已纷纷向热辣壹号抛出了橄榄枝。

（4）发展现状

自2013年12月27日北京三里屯的第一家热辣壹号开业起，到2017年1月为止，已有14家门店，其中有一家门店于2016年4月25日在美国塞班岛开业。热辣壹号在国内的分布情况如表1所示：

表 1　热辣壹号店址分布表

所在城市	所属商区	具体地址
北京	亚运村	（北辰时代）北辰东路 8 号院 1 号楼北辰时代大厦,时代名门百货公司四层 401 号
北京	花香	（丰台永旺）丰葆路 88 号院 1 号楼永旺梦乐城四层
北京	双榆树	（当代店）中关村街道中关村大街 40 号北当代商城 6 层
北京	八里庄	（苏宁广场店）八里庄苏宁生活广场 4 层 402
北京	崇文门	（搜秀购物广场店）崇文门外大街 40 号搜秀购物广场 9 层
北京	工人体育场	（三里屯 Mall 店）工体北路 21 号永利国际 2 层
北京	西红门	（荟聚购物中心西红门店）欣宁街 15 号荟聚购物中心 3 楼
北京	西单	（西单老佛爷店）西单北大街 110 号老佛爷百货 5 楼
天津	和平路	（五大道店）五大道先农大院 5~6i
天津	意式风情街	（风情街店）光复道意大利风情街 25~29 号
上海	淮海路	（百盛购物中心淮海店）淮海中路 918 号百盛购物中心 7 层
上海	静安寺	（1788 广场店）南京西路 1788 号 1788 国际广场 2 楼（华山路）
南京	百家湖	（21 世纪太阳城店）双龙大道 1539 号百家湖畔 21 世纪太阳城购物中心 A 区 4 层

由此可见,热辣壹号的选址主要是在城市的核心商圈,地理位置非常优越,商圈的属性也比较年轻,再加上六位明星大咖的超高人气以及店内优质的产品和服务,目前发展形势一片大好。以大众点评上评论最多的西单老佛爷店为例,截止到 2017 年 2 月 16 日,共有点评 4235 条,其中五星评价 3106 条,四星评价 751 条,三星及以下点评 378 条,而且对于"口味"评价的均分 8.8 分（满分 10 分）、"环境"均分 9.1 分（满分 10 分）、"服务"均分 8.9 分（满分 10 分）,总体呈现出了一种极为积极的发展态势。

3．经验总结

食品安全无小事,安全问题可以左右一个餐饮企业的生死存亡,明星投资的餐饮企业就是如此,轻则影响销量和美誉度,重则关门大吉。近年来,我国发生的食品安全事件比比皆是,这是社会责任缺失的一种表现,同时也反映出了餐饮企业的诚信缺失问题。例如：2013 年 3 月,宣传"良心品质"的吉野家被发现几家店内的餐具清洁消毒存在极大安全隐患，店员用汤碗直接喝水，然后不加清洗就直接盛汤端给顾客，为节省刷碗时间就只刷碗的内侧。更有甚者，在米饭超出了要求的废弃时间后，擅自更改出锅和废弃的时间，然后再次出售给消费者。通过媒体的报道之后，相关分店停业整改，相关的管理人员及店长均得到了严肃的处理，吉野家的销量也陡然减少，财政出现长期亏损的现象，同时还面临了巨大的信任危机。由此可见，食品安全无小事，类似于"很高兴遇见你"这样的明星投资餐饮企业，在触碰到食品安全底线时，明星的光环非但不能为其减少损失，反而会增大"坏事件"的影响力，加快传播速度；从而不仅会影响餐饮企业的经营效益，而且极有可能会危及到明星自身的声誉问题，企业的发展和明星自身的星途都会受到一定程度的影响。

其次，餐饮企业必须重视产品和服务。连锁加盟迅速占领市场是许多企业成功的经验，但是明星投资企业和大多数企业有着一定的差别，明星自己可以带来巨大的流量，同样明星需对那些巨大的流量负责，所以迅速占领市场需要极其强大的运营、监管团队，开店的质量要跟上速度。人们常说明星是靠脸吃饭的，许多明星开餐厅也只是红极一时，明星自带的光环可以在营销宣传时带来很大优势，但后期想要得到长足的发展，还得把基本功练扎实，踏踏实实从食材、出品、服务、装修等基本环节入手。一边开一边关其实是劳民伤财的一种行为，对于投资者、消费者以及品牌来讲，无一不受牵连。服务和产品终究是餐饮企业的核心竞争力，热辣壹号从品牌创立以来，就非常注重健康、卫生、环保和服务，在产品研发上投入了大量的人力物力，现在已经初步具备独有的特色产品线。

最后，当餐饮企业遇上明星投资，要充分发挥明星的优势。热辣壹号的成功与其营销活动有着很大的关系，利用已有资源使线上营销与线下推广相结合，现如今，六个极具影响力的明星大咖齐聚热辣壹号，他们带着朋友或是生意伙伴去店里吃饭，他们带来的宣传和曝光率是一般餐饮企业所望尘莫及的。一条简单的微博、一次随意的转发都可以带动强大的粉丝效应。事实表明，热辣壹号可以很好地运用这些便利且有效的资源进行营销宣传，如针对2015年新人入股事件，热辣壹号采取了事件营销、微博营销、粉丝营销和借势营销等营销活动，吸引了大批量的粉丝、素人朋友前去消费。具体来讲，线下推出"迎新人、开新店、加新品、打新折"的活动，周一到周末分别三折、四折、五折、六折、七折、八折的活动；六大明星大号联合发微博推广；电影《捉妖记》的上映使得井柏然在同一时期人气爆棚,井柏然在各种新闻媒体上极高的曝光度引起了粉丝的关注,粉丝在其微博评论中喊话:"井老板,缺服务员不?";2015年9月28日,支付宝推出"全民开店"计划,热辣壹号和支付宝进行合作,热辣壹号利用支付宝这个万众瞩目的平台,支付宝利用热辣壹号明星开店的影响力,双方在合作中互相成就,彼此共赢。

  总而言之,追求盈利是商业企业的主要目的,餐饮企业亦是如此。餐饮是一个重视"内容"的行业,正如中国烹饪协会副会长边疆所言:"任何一个行业的运行都有其独特的运营规律,明星开餐厅所拥有的朋友和粉丝并不等于餐厅的消费群,只能说是餐厅的潜在客源群体,能否成为固定客源最终还是取决于餐厅的菜品、服务和环境等因素"。所以,餐饮企业的核心竞争力应该是聚焦在产品质量、服务水平和环境氛围上,明星效应对于餐饮企业的运营只是起到辅助的营销宣传的作用。如果本末倒置,只是一味地运用明星的人气做生意,不在餐饮企业经营的本质上下功夫,最终只会导致明星的人气被慢慢消耗殆尽,餐厅的经营必然会出现每况愈下的景象,所以明星开餐厅虽是当今的一种潮流,但想要在餐饮行业占据一席之地,需要强有力的"内容支持"。明星效应是一把双刃剑,学会如何运用明星的光环可以为明星投资的餐饮企业锦上添花。

(本部分执笔:白奔)

第三节 餐饮+互联网

一、盒马鲜生:行走在"零售+餐饮"的风口

【摘 要】当传统商超和餐饮已经进入一片红海,线上购物正进行得如火如荼之际,盒马鲜生以"新餐饮"的第一样本大摇大摆地将餐厅开进了超市,革了传统餐饮的"命"。背靠阿里强大的资源后盾,马云进军餐饮业,瞄准生鲜市场,通过开设线下餐饮体验店将流量引到线上,线下就餐与线上外卖双管齐下。定位社区消费群体和办公室场景营销,精准锁定目标市场。这个2016年刚出生的"新宠儿"未来将走向何方,我们拭目以待。

【关键词】盒马鲜生;生鲜;零售+餐饮;场景化营销;线上线下融合

(一)引言

根据中国电子商务中心发布的数据,2016年国内生鲜电商整体交易额约913亿元,比2015年增长80%,而整个生鲜市场则是上万亿的规模。[①] 生鲜的零售,已经走过从农贸市场到超市再到社区店的业态升级,本质上都在逐步接近消费者——从物理距离上接近消费者。盒马鲜生采用区别于其他商超和生鲜电商的模式,大胆地玩起了"零售+餐饮",兴致勃勃地在超市开起了餐饮店。现阶段的实践证明了盒马的定位和选择是正确的,尤其是其创新的餐饮运营模式,更是值得餐饮业学习和借鉴。

(二)企业简介

2017年7月14日,阿里巴巴董事局主席马云和CEO张勇等人在盒马鲜生品尝了刚刚出炉的海鲜。在阿里内部低调筹备两年多,盒马鲜生这个不为人知的

---

① 中国电子商务研究中心.2016年度中国电子商务市场数据监测报告.[EB/OL].(2017-06-05)[2018-01-17]. http://b2b.toocle.com/detail--6398366.html.

阿里"亲儿子"正式成为阿里"动物园"的新成员。具体来说，盒马鲜生由阿里全资孵化，由侯毅担任 CEO，是阿里巴巴对线下超市完全重构的"新零售+新餐饮"业态，是超市，是餐饮店，也是菜市场。"盒马模式"旨在通过打造线上线下一体化的"生鲜食品超市+餐饮+电商+物流"的新生物复合体，致力于为消费者提供一站式"极致新鲜"的生活方式。自 2016 年第一家店开业以来，盒马鲜生目前已在全国范围内开出了 20 多家门店，创始人兼 CEO 侯毅表示，盒马营业时间超过半年的门店已经基本实现盈利[①]。

（三）发展历程与盈利状况

2016 年 1 月，盒马首家门店上海金桥广场店开业，一年半之后宣布盈利。

2016 年 6 月，实际运营数据验证了盒马商业模式完全成立；同年 9 月份，上海大宁店、虹桥店等陆续开业。在这之后，盒马模式开始快速在全国复制。

2016 年 12 月，盒马开出二代店"盒马集市"，也就是上海八佰伴店；并与三江购物合作，宁波第一家店开业。

2017 年 6 月，北京第一家店开业，也是二代店"盒马集市"（原计划 3 月份开业）。

2017 年 7 月，马云宣布盒马与阿里巴巴的关系；17 日，盒马北京大成店、上海平高店、新江湾店三店同开，至今（2017 年 12 月）盒马一共开业 20 多家店。

华泰证券 2016 年 12 月的研报显示，盒马上海金桥店 2016 年全年营业额约 2.5 亿元。根据盒马公布的数据，首家店上海金桥店目前每天平均营业额可达 100 万元左右，线上订单与线下订单比例约为 7∶3，坪效（每坪的面积可以产出的营业额）约 5.6 万元，远高于同业平均水平（1.5 万元），已经实现单店盈利。侯毅透露，盒马实现用户月购买次数达到 4.5 次，坪效是传统超市的 3~5 倍。目前，线上订单占比超过 50%，营业半年以上的成熟店铺更是可以达到 70%，而且线上商品转化率高达 35%，远高于传统电商。

（四）市场定位与机会识别

1. 精准目标客群：清晰而明确的消费者画像

据盒马鲜生的内部数据显示，其 80%的消费者是 80 后、90 后。这一群体是

---

① 李文瑶.马云现身线下门店原来盒马鲜生居然是阿里的！[EB/OL].（2017-07-17）[2018-01-17]. http://tech.huanqiu.com/original/2017-07/10982311.html.

互联网的原住民,是在改革开放以后成长起来的一代消费者,他们更关注品质,对品质有更高的追求,但是对价格的敏感度并不高。从消费客群来看,一方面,足够大的人口基数奠定了未来消费潜力;另一方面,该群体具备中高端消费能力,而且他们的消费能力与消费意愿均超越了上一代,其对品质的追求和低的价格敏感度,足以支撑盒马鲜生的非标品食材售卖;与此同时,他们具有从线上购物满足日常所需的消费习惯,这也贴合盒马鲜生以线上为重的运营模式,这部分人群中大部分又是以上班族为主,平时比较忙,更愿意选择一种网上订购、线下配送的模式。以上对消费者的画像也是盒马鲜生将直营店选择开在上海、北京、深圳等一线城市的主要原因。

此外,盒马鲜生的 CEO 侯毅总结出该群体的两大特征:一是"懒",与上一代人相比,该部分年轻群体不会以周为单位购买生鲜,而是每天做饭,随想随买,所以对他们来说能够配送最新鲜的食材才是最刚性的需求。第二是"笨",目前来看,做饭对年轻人来说已经不是单纯解决温饱的问题,而是一种生活方式,可以和朋友一起分享的生活方式[①]。如何在短时间内做出可口并且可以和朋友们炫耀的菜品,成了一种非常庞大的需求。基于这个需求,除了可以在超市内加工供顾客堂食的成品,盒马鲜生还推出了各式各类的半成品配餐。消费者可以在盒马上点相应的、已经处理加工过的半成品套餐,30 分钟配送到家后,根据说明放上配料和食材,短时间内就可以做出酒店行政总厨级别的菜式。

2. 瞄准生鲜市场:确定产品定位

盒马鲜生之所以选择借力生鲜来开辟自己的餐饮市场,一方面是发现了消费者在这一方面的需求,尽管竞争日渐激烈,但是市场整体还处于蓝海。根据易观智库的数据显示,相较于其他行业而言,生鲜电商的市场渗透率不足 1%,盒马鲜生将大有作为。另一方面主要原因在于生鲜、餐饮一类的产品具有高频、刚需、离不开等特性,而且通过线下体验店与消费者直接沟通,可以了解需求并集聚粉丝,进而培养消费者的消费习惯,优化顾客体验,提高消费黏性,最后实现精准营销。

此外,从采购的品类来看,海鲜在盒马的占比超过了 50%,而原来在超市的占比不到 5%,盒马鲜生的海鲜类产品占比是传统超市 10 倍以上。同时海鲜产品

---

① 方园婧.专访盒马鲜生侯毅:把商超和餐饮结合在一起不是新零售,那什么才是?[EB/OL].(2017-04-13).[2018-01-17].http://36kr.com/p/5070745.html.

具有高客单价、高毛利的属性,再加上盒马鲜生海鲜的采购量大,规模议价能力强,其设置的海鲜加工及餐饮区可灵活解决海鲜制作的痛点,因此单靠海鲜就有不错的流水。

3. 重新定义"吃饭"

"吃"这件事具有刚需、高频、离不开三大突出特征。侯毅表示,盒马鲜生最大的核心价值是满足消费者"吃饭"这件事的一站式服务。其基于场景定位,围绕"吃"构建商品品类,以消费者复购率极高的生鲜类产品为切入口,辅助标准化的食品,同时提供大量可以直接食用的成品、半成品等差异化商品,满足消费者对于吃的一切需求。目前,针对"吃",盒马鲜生已经成功打造了"生鲜电商+生鲜超市+体验式餐饮+物流配送"为一体的商业新模式。

除此之外,盒马鲜生不断推出各种各样的活动让消费者参与,让80后、90后消费者在家里做每一顿饭的时候都能够体现他的价值。盒马鲜生在整个店里面设置了大量的分享、DIY、交流等,让"吃"这件事变成娱乐、变成快乐,让消费者产生强烈的黏性[①]。

4. 小结

盒马鲜生明确表明,提供的线上商品和线下商品是完全同一商品、同一品质、同一价格,不存在线上线下质量不一的问题。而且对于一直提倡的新零售的概念,其本质正是基于移动互联网时代、基于不同场景下不同的消费模式满足消费者不同的需求,这与盒马鲜生的使命——让消费者的生活更加方便是相吻合的。盒马鲜生就是基于消费者体验重新创造了一种新的生活方式,让大家生活得更加美好、更加开心,这也是盒马鲜生从创建以来一直追求的初衷。

(五)资源优势与商业模式

1. 背靠阿里资源,盒马鲜生一路高歌猛进

(1)热切拥抱大数据,分享互联网红利

盒马鲜生走红的背后是阿里强大的基础数据能力、海量云计算能力、会员和支付体系,目前其已经实现用户数字化、商品数字化、流程和管理数字化。盒马鲜生多开在居民聚集区,下单购物需要下载盒马App,只支持支付宝付款,不接受现金、银行卡等任何其他支付方式。阿里巴巴为盒马鲜生的消费者提供会员服

---

① 微口网.盒马鲜生创始人侯毅:如何重构"吃"的高毛利场景消费.[EB/OL].(2017-03-06)[2018-01-17].http://www.vccoo.com/v/3c42by.

务，用户可以使用淘宝或支付宝账户注册，以便消费者从最近的商店查看和购买商品，进而为支付形成大数据闭环服务，锁定相对高端用户，通过支付宝掌握这部分人群的消费数据。因为支付宝是实名认证，一旦通过支付宝成为盒马会员，由于阿里体系底层数据是打通的，每个人的消费能力、消费习惯也就一目了然。"以流量运营为核心，坐享移动互联网红利"正是盒马下的一步好棋。

(2) 智能化的物流体系和得天独厚的采购优势

要想在餐饮业分得一杯羹，强大的物流体系是必不可少的，对于主打生鲜和外卖服务的盒马来说更是如此。盒马运用大数据、移动互联、智能物联网、自动化等技术及先进设备，实现人、货、场三者之间的最优化匹配，从供应链、仓储到配送，盒马都有自己的完整物流体系[1]。去过盒马的人应该都见识过他们仓店一体的天花板拣货系统，在盒马超市顶上有个输送带，所有的外卖打包打好后从这个输送带运到仓库，再由专门的"盒马骑手"送出去。

此外，既然盒马想凭借生鲜博得消费者的青睐，势必要在"新鲜"上下足功夫，直采直供的采购模式和强大的冷鲜保鲜系统着实为盒马助力不少。从供应链角度来看，盒马鲜生有天猫超市以及阿里投资的易果生鲜的支持。很大一部分生鲜商品和天猫属同一来源，与天猫共享供应链可以降低采购成本，提高原产地采购的比例，进而为顾客提供高性价比的产品[2]。盒马鲜生和天猫的供应链已经开始逐步融合。在区域供应商层面，例如蔬菜、水果、包装食品等常规品类，盒马鲜生会采用当地供应商，与本地蔬菜生产基地签订合作，实现直采直供。对于主打食物波龙、生蚝等特色生鲜档口，盒马鲜生沿用全球供应链系统统一采购配送。与此同时，根据不同区域门店增减特色档口，例如北京的盒马鲜生门店，就增加了上海门店没有的小火锅、北京稻香村等商品。

2. 锁定场景化营销，线下线上齐发力

盒马鲜生意欲实现"零售+餐饮"的融合，建立线下门店是打开市场的关键所在。因此，盒马的发力点集中在线上生鲜平台的体验店与加工中心的打造，将门店做成流量转化中心。盒马鲜生的相关负责人指出，"我们需要一个店，来给

---

[1] 科技快跑网.盒马鲜生五城十店同开，赋能区域零售商全国"快跑"[EB/OL].(2017-09-28).[2018-01-17].http://www.sohu.com/a/195114119_99984910.

[2] 极客公园.超市成了"四不像"盒马鲜生究竟想干嘛？[EB/OL].(2017-07-07)[2018-01-17].http://www.ebrun.com/20170719/238733.shtml.

用户展示商品。它在这里认可了你的品质后,就不需要再来。线下的客流才能源源不断转移到线上,而且网上购买生鲜最大的阻力在于商品品质的确定性是否让顾客放心"。从这个角度来看,线下店不仅可以满足消费者"逛"和"吃"的欲望和需求,还可以为商家吸引原本只在线下买生鲜的人,在他们没兴致逛超市的时候,能拿起手机"点点点"来下单。

对于一般的餐饮企业而言,留住"线下的顾客"是头等的经营之道,每个餐厅的店长都希望能看到"门庭若市"的热闹场面。互联网对于他们来说,是打赢"线下客流之战"的"东风",他们习惯于"借线上流量来补线下的空缺"。而盒马鲜生与此相反,其经营的根本逻辑正是把顾客从线下往线上引,通过线下体验来建立与消费者之间的认知和信誉度,借助线下体验占领消费者心智,强化商品品质,增加消费者信任,进而培养消费习惯,最后通过盒马鲜生 APP 完成线上交易,去掉传统烦琐的线下交易流程。线下主要负责"体验生活",线上则负责"发现生活",由此一来,线上数据加线下体验,通过线下消费者的感性反馈反过来补充线上数据,满足并引导消费需求,进而促成线上+线下互动性的消费升级[①]。

就线下门店的选址而言,盒马鲜生不依赖于地理位置,采取的基本战略是以三公里为核心布一家店,线上销售为主,"只要面积在 4000 平方米以上,都在考虑范围之内"。凭借 3 公里的配送范围,即使想要覆盖国贸,也不需要把店开到国贸去。此外,线下开店的重资产模式也为盒马的竞争者提高了进入门槛。

3. 借势"零售+外卖+堂食+加工服务"改革传统餐饮业

盒马鲜生一直提倡和打造"新零售"的概念,聚焦场景与体验,打通线上与线下,通过跨界融合实施"零售+餐饮"战略,打破传统零售售卖商品的方式和传统餐饮的经营模式。在线下强化现场体验,根据场景需求,重构商品结构,开发"零售+外卖+堂食+加工服务"的全新商品组合。对于盒马鲜生来说,餐饮是消费体验中心,更是流量中心。作为盒马鲜生的加工中心,它可以提供更多的半成品、成品在互联网上销售,丰富线上销售结构。为了能够在最大限度上满足消费者"吃"的需求,盒马鲜生超市里还设有小火锅、炭烤牛排、原麦山丘、贡茶、果汁、自选沙拉等联营餐饮。每个联营商家的收银机都是超市统一的,拿

---

① 张占英. 盒马鲜生侯毅:未来的新零售一定是线上为主[EB/OL].(2017-03-02)[2018-01-17]. http://www.ebrun.com/20170302/219468.shtml.

着扫码枪的店员在做奶茶、烤牛排的同时,也能为顾客结算全场的商品。

"零售+餐饮"的创新模式可以在最大程度上填饱消费者的胃,满足他们"吃"的欲望。同时,通过为其提供"看得见"的"新鲜食材",可以优化购物体验,提升其对产品品质的认可和信赖程度,进而凭借店内就餐体验增加消费者黏性。

(六)日常运营与服务流程

如果将焦点放在店内的布局和具体的服务流程,不难发现除了强大的资源支持和得利的市场环境,盒马鲜生的日常运营和服务流程对其模式的成功也助力不少。以盒马鲜生北京东坝店为例:

1. "以点带面"的选址策略

盒马鲜生东坝店位于金隅佳品 Mall B2 层,超市在商场内的位置符合一般的商场布局规律。但是就商场在北京市的位置来看,超市在区位上却并不占优势。首先,东坝不在核心商圈;其次,从地图上来看,北边是坝河和机场第二高速,西边是东五环高速公路,东侧为东坝郊野公园。盒马鲜生为何要选如此一个"尴尬的地理位置"?如果将地图放大一点来看,仔细分析一下,盒马鲜生的选址是与主打的"手机 APP 下单最快 30 分钟免费送达"密切相关的。以盒马鲜生为圆心,可配送的范围涵盖了 51 个小区,这还不包括周边的小商铺、商场和写字楼等。这种"以点带面"的区位布局可以使盒马鲜生精准锁定社区人群,将精准营销做到极致。

2. "迎合就餐需求"的店内布局

整个超市共分为四个大的区域:①食品百货区,包括粮油调味、肉禽蛋、休闲食品、果蔬、酒水饮品。②海鲜区,该区域有大量活体陈设,大部分海鲜可现场烹饪。③餐饮区,包括酸奶吧、德国啤酒吧、中餐、日餐、西餐,以及一些外来的餐饮店,比如老潼关肉夹馍等,其中除了海鲜和中餐由盒马鲜生的员工来制作外,其他的都是联营品牌。④顾客就餐区,该区域位于超市最里面的位置,顾客需要穿过其他商品区到达海鲜区,采购完海鲜去收银台结账的时候可以选择现场烹饪;总体上来看,该区域基本上是环海鲜区而设,在店内就餐的客人 95%以上都是来享受"海鲜宴"的。这一区域大约占整个营业面积的五分之一。

为了能够为到店顾客提供更为舒适的就餐体验,盒马在动线和桌椅的设计上也十分考究。首先,餐饮区和其他区既是独立分开也是相互统一的整体,对于想要在店内就餐的顾客，从超市入口走到就餐区，会把超市内的其他商品区也都逛一下，这种设计可以在某种程度上影响顾客的购买意愿。其次，将就餐区设在最里面的位置，既可以照顾非就餐顾客的购物体验，还可以避免就餐顾客被其他顾客打扰，在最大程度上顾及不同顾客的消费体验需求。再者，就餐区的布局和座椅设计也涵盖不同消费群体的特殊需求，在盒马鲜生的就餐区既有满足家庭消费的四人餐桌，也有满足白领办公需求的吧台式餐桌，每种客群在这里都能找到归属感。结合不同用餐场景下客户的需求去规划动线，这是盒马鲜生动线设计上的成功。

3. "霸道"的结账方式，堂食、外卖一块做

与传统的超市或餐饮店相比，来盒马鲜生买东西要先下载盒马鲜生的APP，否则结不了账。不仅是盒马鲜生的自营餐饮，一些联营餐饮，比如原麦山丘、贡茶等，也必须在盒马鲜生的APP上转支付宝结账，餐饮商家和盒马鲜生的合作通道已经被打通。

当人们在抱怨支付宝"独霸天下"的时候，"线下餐厅线上外卖"正逐渐获得消费者们的芳心。只要有过一次店内购买的经历，下次消费就可以在家里通过手机把想吃的、好吃的轻松下单，30分钟后就可享用。

这种"霸道垄断式"的结账方式，一方面，可以使企业从后台获取消费数据，帮助企业进一步布局"大数据"营销；另一方面，确实为顾客带来了极大的便利，符合年轻一代消费者"手机不离手，就想买买买"的消费需求。

4. 独特的"现场烹饪"服务

盒马鲜生主张为消费者打造一种全新的生活方式，推出了店内堂食加工服务，因此很多顾客来盒马鲜生除了想买一些海鲜带回家做以外，还是为了享受现场加工的美食，尽情享受"所见即所食"的新鲜食材。下面以主打的海鲜产品为例，简单介绍一下生鲜的点餐流程：

①挑选可现场加工的海鲜；

②称重、确认加工方法、APP支付加工费及商品费用；

③领取号码牌等待后厨制作；

④待手机短信（或大屏幕）显示，到档口取餐。

盒马鲜生针对不同类型的海鲜，推出了不同类型的加工方式。比如白灼只针对普通虾类和皮皮虾，清蒸只针对鱼类、蟹类、鲍鱼、珍宝面包蟹、帝王蟹等品

种,但是像波士顿龙虾、澳洲大龙虾等会推出马苏里拉芝士焗和法式蒜香黄油焗的西式做法。这种"因食材而异"的烹饪方式可以在极大程度上为顾客呈现更加新鲜、更显美味的海鲜大餐。此外,店内的员工还会主动帮助顾客处理难以拆解的壳类海鲜。

除了现场加工,在靠近海鲜区还有专门做成品促销活动的小摊,摊位上大多是已经打包好的小份海鲜熟食,相比于现场加工的海鲜,这个会便宜5~8折。很多顾客先是购买了小份来品尝味道,然后再去采购海鲜并要求现场加工。究其促销摊位存在的价值,我们可以从以下两方面来分析。第一,顾客对小量份熟食的价格敏感度并不高,通过引导顾客"先尝后买"可以增加海鲜品的销量。第二,店内有很多的活体陈设,这在经营成本上并不占优势,尤其是顾客自主挑选会影响海鲜品的鲜活度,造成海鲜死亡率的上升。尽管海鲜区的工作人员会及时将死掉的海鲜品捞出来放在冷藏区进行5折售卖,但是对于海鲜而言大多数顾客还是认"活物"。因此,将刚刚死掉的海鲜及时进行处理和加工,在某种程度上可以弥补经营成本上的损失,实现"生熟联动"。

5. 无处不在的"自助式服务"

通过对盒马鲜生的走访,不难发现相对于传统的餐厅,盒马鲜生真的是将自助服务推到了极致,"餐具请自助取用""调料盘请自助取用""结账请用自助结账机""自助取餐台"等,就连采购都是消费者自己完成的。针对第一次"享受"自助服务的顾客,盒马在自助结账机旁边设置循环播放操作指导视频的电子显示屏。而且还有很多提示顾客"可现场烹饪"的提示牌,提示牌上清楚地标示着店内点餐的操作步骤。

推行这种自助服务,一方面可以用机器代替人工,节省大量的人力成本;另一方面,当顾客在操作上遇到问题时,可以增加服务人员和顾客之间,以及顾客与和顾客之间的互动;此外,智能化的自助服务也可以在某种程度上优化顾客的消费体验,提高顾客满意度。但是推行智能化的餐厅对技术要求是非常高的,一旦设备出现故障,极有可能整个服务链条都会断掉;同时对于老年消费群体来说,自助操作也是一个挑战。

6. 想顾客之所想、急顾客之所急

在体验式餐饮时代,盒马当真用智能机器减少了人工服务,但是依然为顾客提供了贴心的体验。

贴心体验一：洗手池。

人们在啃螃蟹、吃小龙虾的时候，要上手吃得才过瘾，这时候洗手就会变成刚需，尽管盒马为顾客提供了一次性手套，但是还是不如洗手池清洗得彻底。当看到你需要的东西恰好就在这里的时候，就会有一种十分贴心的温暖，整个门店在你心中都会加分。盒马鲜生，致力于为顾客做最贴心的体验，每个用餐区域都装了洗手池。

贴心体验二：满足宝宝的需要。

来盒马鲜生就餐的大多数是以家庭为单位，很多家长都带着小朋友，因此也不能忽略这批小客人。餐区的婴儿椅、入口处的儿童手推车等都是精心为他们准备的，通过满足孩子的需要而牢牢抓住家庭这个大的需求单位，有时候一个家庭孩子的需求或许才是这个家庭最重要的需求。

贴心体验三：移动的宣传和快乐的 3D

阿里巴巴是一个很会做营销的企业，愣是把单调的"光棍节"给整成了"购物狂欢"。外部营销做得好，内部营销也没落下。在盒马鲜生店内，到处可见其员工：他们穿着蓝色的文化衫，文化衫上写着标语，每一字、每一句都在召唤着一个又一个吃货的胃，"识食物者为俊杰""爱吃才会赢""心中有爱，饭菜好香""那些没有生鲜的时光并不是真正的生活"，等等。盒马所主张的生活方式，是先俘获吃货的"心"，紧接着满足吃货的"胃"，为"吃"创造了无数的理由。

此外，店内的布局和设计在很大程度上与消费群体的兴趣爱好吻合。比如一些门店考虑到现在人们乐于拍照、乐于分享的兴趣爱好，在休息区设计了一面可供拍照的 3D 背景墙，图案有从窗外直接爬进来的大章鱼，还有从海里跃起的大龙虾。在上海老克勒体验店中，其店内的装修设计融合了上海特有的海派文化，一句"侬想切啥"完美地打开上海人的胃。

7. "一次性餐具"是优，还是劣？

如果有去盒马鲜生用餐的体验，细心的你一定会发现无论是吃海鲜，还是吃蔬菜，盛放食物的器皿全部为一次性餐具。从门店运营的角度来讲，用一次性餐具不用建立清洗空间，也不用雇佣人员洗碗，这对于盒马鲜生这种人员密集的"超市+餐饮"来说可以大大提高工作效率，翻台速度上去了，顾客的消费体验也跟着提升。但是从长远来看，一次性餐具的使用并不利于环保，长此以往经营成本也会提高，希望盒马鲜生在以后的日常运营中能够把生态环境保护也纳入经营模式创新中来。

8."现场加工"也是盒马的服务短板

当人们沉浸在"现场加工"的无限美味中时,长达2个多小时的漫长等待成为盒马鲜生顾客的一大痛点。

"现场加工需要等60分钟及以上",海鲜加工的取餐档口放着这样一个提示牌,告知大家"店内就餐需等位"。有不少顾客表示之前为了避开就餐高峰期,特地选择在周中的下午来吃海鲜,结果也是人山人海,几乎每次都得等2个多小时。排队对于餐厅来说并不是新鲜事,比如外婆家、海底捞等,门口的长队已经成为一道亮丽的风景线。海底捞还专门为等位的顾客准备了美甲、擦皮鞋等服务,其他的商家也会主动为等位的顾客提供可以消磨时间的小零食,比如"虾吃虾涮"火锅会为每一桌顾客提供可以"免费续盘"的瓜子。但是,盒马鲜生却要起了大牌,"想吃就得等,而且只有等"。很显然,对于一般的上班族来说,吃一顿盒马鲜生的海鲜,时间成本是非常高的。

主打"智能化"的阿里巴巴已经在杭州推出无人餐厅,线上平台的优化和智能化的点餐机制或许可以解"2小时等餐"的燃眉之急?但是海鲜本身的高客单价也意味着顾客可感知的财务和味蕾方面的高风险,即使预约点餐可以解决顾客时间上的痛点,餐厅依然要承担不小的因"退单或单方面毁约"带来的经济损失。这时,"顾客—平台—商家"的"履约"机制显得尤其重要,如何保证商家可以预见餐厅的就餐需求进而为顾客提供精准的顾客等位信息,同时保证顾客在线上下单后能够及时到店就/取餐则是盒马下一步需要解决的首要问题。

(七)未来布局:试水便利店,主攻办公室场景

无论是年初的便利蜂,还是后来的无人货架等新型业态,主攻的都是办公室白领人群。在"超市+餐饮"模式得到验证后,侯毅开始探索办公室人群的"新餐饮"模式,在进一步谋划选址时锁定办公楼宇的办公室形态便利店。因为这种便利店的办公室人群相对较固定,个人化需求也较强。这样的线下布局"基于消费升级,在这些场景下去想消费者可能的潜在需求,运用线下实体店解决原来线上解决不了的问题"。带着"新餐饮"第一样本身份的盒马鲜生,由此展开了对办公室场景的进攻之势。

2017年12月4日,盒马鲜生首家便利店盒马F2(fast and fresh)在上海北外滩白金湾广场正式营业。市场定位于主打办公室白领人群的新型便利店,与以往的便利店不同,其店内的布局为"海鲜卖场+大排档布局+自助货架",虽名曰便利店,但实际上90%以上的空间却为餐厅布局。便利店内既卖海鲜,还有各种热食、烹饪区等,整个店占地大约500多平,布局呈现为360度海鲜卖场+7个烹饪档口+自助货架,以圆圈的形式分层设置。具体陈设为:

①中心为圆形海鲜区:配有花蛤、皮皮虾、大闸蟹等海鲜食品;

②次圈:是6人桌为一组的用餐休息区,配有洗手池、自助咖啡机、自助货架等设备;

③外围圈:是7个烹饪档口区;包括饮料水果区(日常果饮和水果)、炙匠(供应牛排等炭烤食品)、烹里(配有流水架,主要供应标准午餐盒饭)、捞档(主要供应麻辣烫)、蒸铺(主要供应包子、水饺等早餐)、鮨屋(配有三文鱼、寿司、沙拉等日式料理);再往外走,则是门口的烘焙区。

盒马便利店早餐有现煮的馄饨,中餐有做好的快餐,下午茶有咖啡、鲜榨果汁、现做果切,还有便利店该有的标品乳品、水饮及休闲零食等。由此可以看出,盒马便利店是以早午餐+下午茶的餐饮服务为核心,兼顾部分标品,去服务办公室场景下人群的核心需求,重新构建一个现吃现做的餐饮一体化体系。

新开的盒马便利店与盒马超市相比,存在以下几方面的差异[①]:

第一,场景与对应消费人群。盒马鲜生针对的是社区消费人群,主要是做线上生意;而便利店主攻的是办公室白领,这部分人的需求主要是早餐、午餐、下午茶,以餐饮为核心,集中做好线下体验服务。

第二,布局与区域面积。F2便利店占地大约500多平方米,现有的盒马超市占地都在4000到5000平方米。这也能说明前者的客群定位更加聚焦。

第三,品类的差异。这是由占地面积和消费人群的不同决定的。在F2便利店内,主要是以餐饮为核心,布局有各类小吃、水果、食物半成品,以及无人货架零食。但是在盒马超市内,除了最引人注目的海鲜产品,还有各类生活用品,柴米油盐皆能涉及。

第四,有无配送。盒马鲜生是3公里市场覆盖范围,主力做线上。但便利店是500米覆盖范围,主要做的是线下,因此,在新开的F2里并没有配送这一服务,消费者在线上下单后,需要自己去店里自取。但是F2距离最近的盒马超市

---

① 郭倩茹,程远肖.实地探访丨揭秘盒马鲜生新武器F2便利店,能否开创零售新未来?[EB/OL].(2017-12-07)[2018-01-17].http://www.lieyunwang.com/archives/391072.

不超过 3 公里，配送范围完全可以覆盖到便利店，不过，侯毅提出并不排除将来会有配送服务，暂时他们觉得这不是最重要的。

第五，有无收银。在这一点上，在便利店内是没有收银台的，线上下单的产品可以线上支付，但是线下购物的乳品等标品，也需要线上支付。总之，一切都需要手机操作自主完成。

尽管目前盒马超市在全国已经拥有 20 多家门店，而且已经开始盈利。这说明，盒马这一针对社区人群的模式是成立的。但是，未来 F2 便利店能否如盒马超市一样，能够被大规模复制，还需验证。

由此可见，盒马鲜生作为"网红店"真正改变了人们的生活方式，借助"零售+餐饮"为顾客创造了更"新鲜"的就餐体验，借助"互联网+"优化消费者的购物体验，将餐厅开进超市，重新定义生活，也重新定义吃饭。颠覆了传统商超的经营模式，改革了传统餐饮的就餐体验，由此看来，这位"有实力的网红"并不只是存在于媒体报道中。

总而言之，盒马模式依然还处于验证阶段，不管是强势的付款方式，还是智能化的自助服务，抑或是现场加工，在餐饮业都属奇葩之举。这种运作模式是否真的能够继续做下去，是否适合餐饮业的商业逻辑，还是一个需要用时间来检验的问题。

（本部分执笔：靳秀娟）

二、伏牛堂——"霸蛮"的社群营销之路

【摘　要】伏牛堂是如何成为"社群餐饮第一品牌"的呢？本案例将深入剖析伏牛堂的社群营销之路，以及其不同于同时期的网红店的运营模式。伏牛堂有着自己独特的发展模式，其超级单品发展策略、游戏化的员工成长模式加上出色的社群营销，让其在创业两年之内拿到了总共4000万左右的融资。如今搭上了"餐饮零售化"的快车，伏牛堂带给我们的惊喜也不止于此。

【关键词】运营模式；社群营销；餐饮零售化

（一）引言

2014年因一篇《我硕士毕业为什么去卖米粉》而被各大媒体争相报道的北大硕士毕业生张天一开始火了，2015年作为创业青年代表在中关村与李克强总理交谈，在节目中与董明珠激烈地进行思想碰撞……张天一将自己打造成了一个IP，也带领着他创立的伏牛堂成为一个估值过亿，前后获得4千万融资的12家连锁餐饮企业。伏牛堂最初就带着浓浓的互联网气息出现在大家的视线中，将众筹、社群营销、"餐饮+零售"等新事物不断玩转。

伏牛堂是张天一硕士毕业后和周全、柳啸、宋硕一起创立的，创立之初只想找到家乡的味道，他怀念湖南常德米粉的味道并想让在京的湖南人都吃到正宗的家乡的味道，因此便创立了伏牛堂，并成立"霸蛮"社。"霸蛮"是湖南方言，有一句俗话叫"吃得苦、耐得烦、霸得蛮"，张天一用这样一句来形容自己的创业之路，这句话也成为伏牛堂的企业文化。

2014年2月开始筹备，张天一回到常德，走街串巷地吃遍了常德的百余家米粉店，最后他选了一家口味最正宗的米粉店拜师学艺，确定配方。在一个大雪纷飞的夜晚，师父终于答应把炒制牛肉的配方传授给张天一，像菩提老祖教孙猴子一样，他让张天一晚上六点来看他炒，而且只教两次，学不学得会，全看悟性。2月中旬回到北京，他几乎走遍了北京城，最终选定地址把米粉店开在环球金融中心。此时，已经搭上了自己所有的积蓄。最初他与其他三位合伙人的分工

是这样的，张天一是老板，柳啸负责财务，宋硕负责品牌推广，周全是负责产品的"CPO"即首席流程官。周全虽是CPO，日常是负责做菜的，从未下过厨的周全手上经常要贴着创可贴。前几个月里，泡米粉，炒牛肉，招待顾客全部是他们自己做，张天一调侃道他们挣得都是真正的血汗钱。起初因为人手不够，他们在店里安排了三个垃圾桶，顾客用完餐，自己收碗，将垃圾按照残汤、塑料碗、筷子纸屑的顺序分类好。作为一起履行环保责任的奖励，他们则回馈一份水果给顾客。他们一面是创业者，一面也是最朴素的体力劳动者。

伏牛堂于2014年5月获得近百万元种子轮融资，投资方为险峰资本；于2014年9月获得数千万人民币天使轮融资，投资方为IDG资本；同年还获得真格基金的数百万天使轮融资。2014年10月，伏牛堂与福成集团达成合作意向，共同开辟湖南米粉标准化生产新时代。2015年获得分享投资、青骢资本、爱佑慈善基金理事长王兵投资的数千万人民币A轮融资。2016年8月，伏牛堂荣获投中产业榜2016年度最佳消费升级领域投资案例TOP10。截止到2018年1月，伏牛堂已有13家店，从最初的环球金融店、王府井店、望京华彩店、新中关店、朝阳大悦城店、枫蓝国际店、大峡谷店、永安里店、天津天河城店、朝阳SKP店、北辰购物中心店、世纪金源店，直到最近的大望路新世界店，伏牛堂这头"牛"在资本加持的情况下依然稳健地保持自己的发展速度，没有迅速扩张的打算。

（二）独特的运营模式

1. 产品——超级单品

伏牛堂一直做的都是超级单品，只做牛肉粉，且坚持正宗，拒绝好吃。拒绝好吃的原因是因为伏牛堂的米粉添加了中草药，米粉中有着中药味。不是湖南人的顾客可能因为中药味而对米粉的口味失望。超级单品易爆易成为网红产品，但也容易过气，像同时期的黄太吉、西少爷肉夹馍等网红店都是做超级单品，也在火爆一时之后找不到好的发展模式而慢慢冷掉。反观美国排名前20位的餐饮品牌，都是超级单品且可以标准化流通的产品，像汉堡、比萨此类的。张天一只想做米粉界的超级单品，伏牛堂的霸蛮米粉背后也有着标准化之外的文化社交符号。一是湖南文化的正宗体验，二是米粉背后的社交属性。张天一在一次演讲中提到："为啥我要在'正宗'这个问题上这么较真呢？因为'正宗'等于'乡愁的感知'啊，'好吃'是味觉和温饱层面的，而'正宗'是情感层面的。正宗的豆汁根本不是豆汁，是老北京的胡同味道啊。伏牛堂卖的也根本不是一碗'大众口味'的米粉，我们卖的是人心里面最柔软的那根弦。"正如在伏牛堂店里的一直悬挂的那幅字"背井不离乡"一样，他们提倡的是思乡，是情感上的温度。伏牛堂的米粉没有明星代言人，每一位吃过米粉的普通人都是米粉的代言人。2016年，伏牛堂曾做过一次短暂的寻找米粉的代言人活动，只要普通人分享伏牛堂的米粉就可以获得奖励。除此之外，伏牛堂还有社群霸蛮社，社群里的成员从湖南老乡发展到米粉的粉丝再到如今的年轻人的社群，米粉背后的社交属性也是让伏牛堂不同于其他超级单品网红店从而发展至今的原因。

2. 游戏化工作流程

服务行业是一个辛苦且枯燥的行业，经过前三个月的辛苦工作，张天一明白了笑脸相迎顾客有多难。为了鼓励员工每天微笑面对顾客，张天一发明了"牛币"制度。每天发布任务，员工完成任务就可以获得经验值和牛币，兑换休息或是店内产品等。为配合牛币制度，伏牛堂还有一套游戏化的功勋和升级体系。最基层的员工称为"御林军"，送外卖的小哥称为"虎豹骑"，店长助理和店长叫"分舵护法"和"分舵主"，往上还有"长老""堂主"……伏牛堂俨然是餐饮企业里的"天地会"。

将工作游戏化，不仅是伏牛堂在尝试这种方式，腾讯、盛大都在尝试游戏化员工成长体系。首先将公司的职位进行角色化，然后由每个职工进行"角色扮演"，每个角色都有自己的晋升通道。每升一级都有通道委员会的审核，类似游戏中的"打怪"。当然，这种游戏化员工成长体系在激发员工的工作积极性方面有着明显的优势，但也容易进入一个误区。盛大的人力资源总监曾提到："过于量化的游戏化管理会招致员工唯经验值是图，影响团队合作等不可量化工作的开展。"游戏化是一个很好的体系，关键还在于管理者如何使用。现阶段的伏牛堂规模较小，游戏化比较适合其发展，未来如何还需要看张天一的战略决策。

公司规模渐渐扩大，张天一的压力也越来越大，他偶尔还也会怀念伏牛堂成立前半年"每天卖卖粉，数数钱，跟媒体吹吹牛，和顾客聊聊天"的日子。就像本·霍洛维茨所感，"在担任 CEO 的 8 年多时间里，只有 3 天顺境，剩下的 8 年几乎全是举步维艰"。张天一如今每天 4 点起床工作到晚上 10 点，除了日常运营之外，他会花很多时间在思考公司的发展模式、组织架构以及未来的发展方向。

3. 餐饮零售化

自从马云提出"新零售"的概念,"餐饮+零售"和"零售+餐饮"的风头强劲起来,在互联网的强大触手下,传统的餐饮行业拥抱互联网势在必行。张天一对餐饮零售化的理解是"餐饮零售化的核心是破除餐饮的边界,让产品在更大的时空范围里流通。'吃'这门生意的本质是什么?我认为'吃'是一门时间生意。按分钟划分,就开餐饮店;按小时划分,就送外卖;按天划分,就做便利店里的冷柜微波鲜食;按月和年划分,就做食品。现在,很多的餐饮都从传统堂食开始过渡到外卖,接下来需要考虑的就是解决以天、月、年为单位的需求了。所以,关于'吃'这门生意,所有的商业模式都是以上四个时空维度的排列组合。"①

目前,伏牛堂主要有两项业务。一项是与其他餐饮企业相同的"堂食+外卖"模式,并发展连锁门店,寻求规模化、标准化。另一项是餐饮食品零售化。伏牛堂有自己的天猫旗舰店,店里专卖速食牛肉粉,将核心爆品产品化。不仅在淘宝、天猫,还在每日优鲜、京东等各个渠道流通销售,最近刚刚上架了盒马鲜生。产品也从单品牛肉粉扩大到糖饺、酸豆角、辣椒酱等小食产品。在淘宝单品售卖中排前20名,且是单价最高的产品。

伏牛堂的"零售化"也仅仅是迈出了一步,还没有快速与互联网、与场景消费进行更深的联结。"餐饮零售化"说到底都脱离不开场景消费,如果顾客在堂食的场景消费体验感不好,对零售的意愿则更低一些。场景消费归根到底也是要拥有与用户打交道的核心能力,这就提到伏牛堂的优势所在了,伏牛堂的社群营销在餐饮领域中一直是遥遥领先的。他们所实践的"员工即用户,用户即员工"的社群管理给伏牛堂带来了巨大的流量,伏牛堂也打出了自己的王牌——社群营销。

(三) 社群营销

社群营销是个人或群体透过群聚网友的网络服务,来与目标顾客群创造长期沟通管道的社会化过程。简单地说,社群营销(Social Media Marketing)需要透过一个能够群聚网友的网络服务来经营。② 通过社群来与目标顾客群产生联系、沟通并维持关系是现代企业的一种重要营销方式。社群由5个要素构成:同好、

---

① 野草新消费.从专注单品到社群营销,伏牛堂的下一站是"餐饮零售化"[EB/OL].(2017-09-09)[2018-01-16]. https://baijiahao.baidu.com/s?id=1577989384980364634&wfr=spider&for=pc.

② 社群营销 MBA智库百科[EB/OL].[2018-01-16] http://wiki.mbalib.com/wiki/网络社群营销.

结构、输出、运营、复制。同好——决定了社群的成立（产品、行为、标签、空间、情感、三观）。社群成员一定是要有一个相同的爱好或者兴趣，将他们链接到一起。结构——决定了社群的存货（优质成员、自愿加入、平等互动、规范管理）。输出——决定了社群的价值（知识干货、咨询答疑、信息咨询、利益回报）。运营——决定了社群的寿命（组织感、仪式感、归属感、参与感）。社群运营需要有 KOL，即关键意见领袖。复制——决定了社群的规模（自组织、核心群、亚文化）。[①]

社群是一个弱中心化的组织，是因为一个优秀的社群根本不可能做到完全去中心化，而且优秀的社群需要通过规则引导、人员引导、活动引导。同时一个社群的规模大概保持在 150 人左右是最好的，著名的邓巴数字即"150 定律"告诉我们人类智力将允许人类拥有稳定社交网络的人数是 148 人，四舍五入大约是 150 人。

1. 伏牛堂的社群实验

2014 年张天一首先让人在微博上搜在京的湖南人，加人、拉群、试吃米粉，形成最初版本的社群。之后在最初的 7 个微信群中张天一发布了那篇一炮而火的文章《我硕士毕业为什么去卖米粉》，火的原因也是因为社群中社员的转发，这里有一个四级社群传播规律，即一个事件经过四级传播可以刷遍朋友圈。一个事情从你这发出去，如果你朋友的朋友的朋友能够看到，那说明这个消息火爆了。也正是这样，促成了张天一的个人 IP 形成。

伏牛堂的米粉的一个最大的特点就是"辣"，2014 年举办第一届吃辣挑战赛，2015 年，伏牛堂和 YOU+ 青年社区举办了第二届世界最辣牛肉米粉挑战赛。两次线下挑战赛，让伏牛堂的社群成员有更多的机会进行交流。

2015 年 8 月，召开微信 50 万人在线发布会。那场"一场什么都不发布的发布会"引爆社交圈，一周时间，没有花一分钱聚齐 50 万人，对于一家成立一年的餐饮企业来说，伏牛堂已将它的社群营销转为社群经济了。

2015 年伏牛堂发起了"包袱牛肉米粉"产品的众筹活动，但食品在以电商产品为主的京东平台并没有吸引力。张天一为了给众筹活动造势，先是发起"京东万人快闪众筹"，号召霸蛮社成员每人支持一块钱，来一次"万人快闪社群众

---

① 纪素素. 社群营销、社群运营怎么做？社群经济是什么？[EB/OL].（2017-04-24）[2018-01-16]. http://www.sohu.com/a/136142868_725260.

筹"活动。很快社群伙伴纷纷响应呼朋唤友，当天就有将近8000人对项目进行了支持。在霸蛮社朋友的帮助下，这款零售米粉产品在京东众筹下筹集到了50万元资金，约2万位朋友支持了这次业务尝试，也由此创造了一个京东众筹的纪录："参与人数最多的食品众筹"。

2016年，伏牛堂在北京各个大学创办了60余个伏牛堂社团，社团的主题就是卖粉。学生通过卖粉会经历品牌定位、品牌策划、内容运营等一系列过程，同时伏牛堂也会把创业逻辑、运营逻辑教给社团成员，学生在此过程中获得参与感和收获感。此外，伏牛堂还会组织大量的社群线下活动，对接了2000多个铁杆社群用户，然后根据社员的爱好组成了篮球、登山、摄影等将近50个兴趣小组。伏牛堂会在周末组织线下活动。同时，伏牛堂有新品上线、产品品鉴，也都会组织社员召开线下见面会。

2016年与腾讯视频合作拍摄伏牛堂自己的《深夜食堂》——《灵魂粉馆》，视频的演员都是社群里的社员，是伏牛堂的忠实粉丝。通过视频来宣传伏牛堂的产品和企业文化，对社群的成员来说提高了对伏牛堂的品牌忠诚度，也加强了对社群的管理，提高社群对社群成员的价值。

2. 社群运营

张天一在《伏牛传》中提出社群有4种类型：第一种是产品型社群，第二种是人格型社群，第三种是社交型社群，第四种是传销型社群。而伏牛堂创造的霸蛮社初版是产品型社群，为了开发米粉而让社员试吃，经历了这么长时间的发展霸蛮社已成为社交型社群。伏牛堂有专门负责社群的部门，叫用户体验部，由8人组成。伏牛堂的产品开发、业务推进、市场调研、活动组织等，都会通过这个部门跟社群用户联系，获取到第一轮反馈后才会发起。

同时，霸蛮社的运营方式是做小群而不是做大群，霸蛮社目前有2000多个群，每个群大概50人左右，最多到100人。张天一提到未来霸蛮社的发展，他说目前希望剔除不活跃的粉丝，将运营模式理顺后发展到50万人的规模。霸蛮社的这个发展模式是符合邓巴定律的，且社群追求深度思考抓住核心社群人员，进行精细化运作和提升社群价值，因此剔除不活跃粉丝是运营的关键。他说霸蛮粉有两个关键指标：一是够年轻，二是够活跃。

关于社群的成长，张天一将社群划分为3个阶段。

1.0阶段：出于社交需求的兴趣小组。霸蛮社是一个年轻人的平台，是90后流量入口，其中70%是女性，而这些年轻人虽有社交需求，但没有社交出口，所以大都宅着。霸蛮社将成员分为若干个兴趣小组，每周会以自组织的形式来组织各种活动。将线上人群转为线下活动，加深了成员之间的社交联系，也提升了社群的价值。

2.0阶段：员工即社员，社员即员工。社群需要KOL，如果社群中没有伏牛堂的员工，就没有伏牛堂这个品牌。因此将员工加入社群，把企业文化带入社群，同时，使社员转化为员工，令社群的价值再次提升。

3.0阶段：伏牛堂的霸蛮社成为一个NGO组织，是基于价值观的聚合体，不是封闭的，而是开放的，所有认同这个价值观的人都能够自由加入。

3. 社群营销带来的社群经济

张天一曾谈到建立品牌社群霸蛮社，低成本获取大量90后粉丝流量，有三个好处：流量转化为业务与业绩；流量成为品牌合作的基础；流量成为与平台交换的基础。[①] 最初社群里的湖南人就是因为喜欢牛肉粉而聚集在一起的，靠口碑和社群吸引了越来越多的人来品尝伏牛堂的牛肉粉。伏牛堂的堂食和外卖占比为4∶6，这也是流量带给伏牛堂的业绩，因为伏牛堂的店面地址其实并没有优势，正是流量给伏牛堂带来了较好的业绩。伏牛堂拥有20万社群成员，这庞大而高质量的粉丝群体让伏牛堂与其他品牌合作时有底气。这两年，伏牛堂不仅与影视IP合作，比如《鸣梁海战》《魁拔III》《小羊肖恩》《幸存者》《万万没想到》《舌尖上的中国（电影版）》《一家老小向前冲》《倒霉特工熊》《喜欢你》《脑力男人时代》《特种兵王》《银魂》《羞羞的铁拳》《妖铃铃》，同时还与游戏、话剧等进行合作，如《问道》游戏和《三体》话剧都与伏牛堂进行了合作。

社群营销不仅是给伏牛堂带来了流量，还给内容提供了展示的平台。如今是个内容为王的时代，过去的企业以为渠道最重要，渠道是塑造品牌的关键，而张天一提出企业传播的公式从"企业品牌 = 内容 × 渠道^2"变成了"企业品牌 = 内容^2 × 渠道"。社群刚好为内容提供了展示的平台，张一天坚持每天在伏牛堂的公众号更新一篇原创的文章，公众号的标签也从"湖南牛肉粉"变成"不为乌合不为众"。标签的变化也寓示着伏牛堂的精神传递和伏牛堂的企业文化，这为社群升级为3.0版本提供了沃土。3.0版本的社群有着自我的精神和价值观，吸

[①] 卫谭.【首发】伏牛堂宣布完成1700万元A+轮融资！［EB/OL］.（2015-03-09）［2018-01-16］. http://www.iliema.com/article-196640-1.html.

引着相同价值观的成员加入。

张天一拒绝将伏牛堂定位为米粉餐厅,他认为伏牛堂未来存在多种可能,米粉是起点,而不是终点。米粉是引流的工具,未来伏牛堂可能是一个平台,聚集年轻人的平台,那时候的伏牛堂是什么样呢?我们只能拭目以待。

(本部分执笔:陈阳)

三、餐饮行业线上线下一体化智能管理利弊发展

【摘　要】本文主要描述了北京餐饮行业线上线下一体化智能管理的利弊发展。首先阐述了智能化管理是现在餐饮行业的发展趋势，主要以西贝莜面村和未来餐超两个餐厅为例进行分析。西贝莜面村代表的是传统餐厅，未来餐超代表现在智能化餐厅，探究这两家餐厅如何将智能化运用到餐厅运营管理中，运用线上向下一体化来经营餐厅，从而吸引顾客，创造利润。最后案例探讨了智能化对传统餐厅与新餐厅的影响。

【关键词】餐饮行业；线上线下一体化；智能化管理；发展；利弊

（一）引言

我国从古至今都是民以食为天，中国人对于美食更是有独到的讲究和追求。排队等待已经成为常态的中国餐饮市场，及时并高效地享受到美味是众多消费者的内心诉求。伴随着中国餐饮业的高速发展，餐饮规模呈爆发式增长。现如今，越来越多的传统餐饮机构选择拥抱互联网，认同"餐饮互联网+"的经营理念。

很多餐厅开始实施智能化，借助信息化手段，切实解决了顾客的消费痛点，再一次引领了餐饮圈的潮流。智能化餐厅现在的市场开发还未完全，可以说智能化管理是未来餐饮行业发展的必然趋势。现在很多餐厅利用高科技、电子设施、互联网来经营管理餐厅，通过各种软件提供线上线下一体化发展，使人们点餐、上菜更加方便快捷，节省了大部分的时间，同时也使菜品偏向标准化。智能化的管理形式使餐饮行业向低成本、高效、简单化发展。在生活中就有很多智能化的运用，例如高校食堂中的设备可以检测出托盘里有几个荤菜几个素菜，可自动算价，直接刷卡，节省了同学们的埋单时间，同时增加了流量。餐厅中的智能化应用给顾客和商家双方都带来了很大的便利，接下来主要对西贝莜面村和未来餐超的智能化运用进行浅析。

（二）西贝莜面村

一般餐饮企业不过是线下发单页、线上做团购，但最核心的用户管理则几

乎是处于真空状态，一味地想要吸引新顾客进店但却忽略了忠诚度最高的老顾客，这不得不说是一种本末倒置。而西贝莜面村作为一家传统餐厅，率先开展智能化餐厅的尝试，借助信息化手段，把纸质券变为数字会员系统，通过信息化系统支撑会员活动，唤醒沉睡会员，切实解决了顾客的消费痛点，引领了餐饮圈的潮流。

西贝莜面村利用美味不用等这一第三方平台实现了"远程预订""远程取号""扫码埋单"等功能，通过一系列全方位线上与线下即时结合的新用户体验，优化了消费升级大潮下人们的就餐体验。

1. 顾客智能化就餐流程

（1）就餐前：通过美味不用等 App 或者微信进行手机预点餐。

手机预点餐的出现对于经营者而言使每桌点菜、埋单结账大约可节省 10 分钟，有利于增加餐厅的客流量，缓解店面等位难以及客人候餐时间长的现状，同时也减少了一定量的劳动成本。像西贝莜面村向顾客保证到店 25 分钟就可以上菜，为了使顾客能更好地监督店家，服务人员在顾客到店后就会在桌子摆放一个沙漏，如果未在 25 分钟内上餐，可进行投诉。对于顾客而言，手机预点餐使顾客可以随时随地进行预点菜，节省了很多时间，增加了顾客的自主体验，避免了在就餐高峰时期点餐困难的状况，使顾客进店等餐就好。

（2）就餐时：扫描桌上的二维码直接下单到厨房。

（3）就餐后：使用"秒付"功能不用离桌就可实现埋单。

（4）"秒付"和会员系统打通、顾客使用秒付功能，自动为餐厅增加 1 位新会员。

2. 智能化为餐厅带来了两个革新

（1）"无感升级"：投入方便快捷，一家店 30 分钟即可配置完成，不需要大量软硬件支持以及人员培训，节约了很多人力、物力成本；

（2）"扫码即会员"：帮助经营者存留到店客户的个人资料、偏好信息，进行会员管理和营销服务。这两点的专业性和便利性，为企业的经营管理提供了极大的方便。

3. 智能化为餐厅带来的好处

（1）会员数量的增加。西贝莜面村董事会秘书姜鹰在媒体采访中也说道："2017 年与美味不用等全面合作上线'秒付'后，西贝会员从过去每月新增几万人，到现在每月新增会员30多万人。发展会员的效率提高了将近10倍，截至目前每天的在线支付比例已经超过60%。"[①]

（2）减少人力成本。对餐厅管理者而言，餐饮智能化可以让客户更方便地点单，摒除了传统的中餐所有环节都需要人工亲力亲为的现象，经营者可以将精力投入到品牌经营和系统建设。

（三）未来餐超（eatfine）

随着科技的发展，经济水平的提高，人们生活水平也在不断地上升，人们生活的步伐越来越快。每天家里公司两点一线，快节奏的生活，逼迫着人们开始想办法节省吃饭的时间，如今工作餐快速便捷成了最普遍的现象。未来餐超正好抓住了这个机遇，为忙碌的年轻人提供了健康、方便、快速的盒饭。未来餐超是北京第一家无人餐厅，未来餐超的线上+线下体验店+移动智联商业组合中端，创新了一种新零售、新智联的商业模式，满足了现代商业人士的就餐需求。同时未来餐超创造了一种简单、时尚、健康的新的消费模式，引领了一种新的生活模式，并符合了当代互联网+的潮流。

1. 智能餐超智能化消费流程

（1）点餐前：先关注未来餐超的官方微信公众号，之后在公众号中进行点餐付款。

（2）点餐后：到店进行扫码取餐，扫码后会在公众号中告知确认配餐，之后会发送一个密码，找到相应的柜子输入密码取餐。

2. 智能餐超智能化的优势

（1）"无人餐厅"+离店点餐方式。服务员到底是不是餐厅的必需品？答案是否定的。未来餐超打造了一个"无人餐厅"，让顾客能够经过线上自助完成就餐的所有环节，提升了点餐效率和用餐体验。此外，智能餐超还增添了"离店点餐"的点餐方式，顾客可通过微信等方式，在未到店时进行下单，顾客可自主选择何时到店就餐。这实质上是餐厅的电商化，将人们交易的时间从交易时刻提前到起意时刻，可以节约顾客的等餐时间，同时能够增加餐厅的客流量，由此达到顾客与商家双赢的目的。

（2）定价便宜，食材新鲜，减少人员成本、专注产品。未来餐超无服务人

---

① 红餐网.老外都说好！西贝和美味不用等掀起的餐厅体验革命［EB/OL］.（2017-05-16）［2018-01-16］.http://www.sohu.com/a/140907104_103830.

员，减少了大量的人员成本，让餐厅只需做好产品、品牌、运营，免去在人员方面成本的消费。一般餐厅人员成本占30%~40%左右，比例相当高，未来餐超利用减少的人员成本专注于提高食材的品质，从而产生爆点，吸引顾客。未来餐超的食材都是采用纯天然绿色的有机食物，制作出来的食物美味健康，符合现代人饮食的高要求、高标准。一般的快餐店的快餐都是提前制作出来，放置在一旁，当顾客点餐后直接进行售卖，这样有可能会错过最佳的食用时间，导致食物口感一般。未来餐超与传统快餐店的区别就在于未来餐超是顾客到店进行扫码确认餐单无误之后，柜子后的厨师们才开始利用食材进行烹制，然后装盒放在柜子中让顾客进行取餐。这样既保证了顾客食用的是现烹制的，也保证了食物的美味鲜美，从而提高顾客的消费体验，增加老顾客的回头率，拉拢新顾客进行消费。

（3）人性化运营。未来餐超的创始人刘正预测，未来的餐饮将是以用户为核心、更具人性化、将选择权回归用户的行业。餐厅应该把点餐机从双屏变成面对用户的单屏，把纸质菜单和灯箱变成互动的显示屏，加入实时联网的手机，把网络建设为基础设施，这样普通餐厅就变成了智能互联网餐厅。在未来餐超中有一个大大的显示屏，分为两大部分，左边显示等餐顾客的微信头像，很有意思，用于吸引顾客眼球，激起顾客的好奇心。右边显示的是演唱会视频或是T台走秀纪录片，主要目的是打造精准的服务和影视延伸品的体验消费，使餐饮业与文化相结合，提升了餐厅的内涵。餐厅不单单只满足顾客的生理需求，也为顾客提供了一个提升精神内涵的平台，传播影视文化。

（4）充分利用大数据。通过大数据，餐厅可以知道所有用户的回头率，整理顾客的消费习惯，采取合适的互动方式对顾客进行激活。通过系统记载消费数据，未来餐超在餐厅大屏幕上展示爆款菜肴，定期淘汰销量低的菜品，优化产品。

（5）未来餐超提供外带服务，外带包装袋和就餐的餐具都是利用环保材料制作的，响应国家政策，保护环境，绿色就餐，可循环使用。

（6）智能餐超现在市场竞争较小。智能化在餐饮中刚刚运用，处于起步阶段，现在智能餐超市场空白比较大，提高空间更大。智能餐超追上了现在餐饮行业发展的步伐，抓住了时机，而且现在无人餐厅的竞争不激烈，可迅速抢占市场份额。

3. 智能餐超智能化的劣势

（1）经营餐厅需要围绕"服务、环境、产品"进行选择，顾客进店之后首先感受到的是服务，随后是环境，最后是产品体验。传统餐厅最直接的服务体验来自店员，从而为餐厅带来人情味，不至于太过冷清，而无人餐厅正是缺少了这点。

（2）智能餐超主要提供盒饭，适应人群比较狭小，主要适合白领等商业人士，选址也较为受限。

（3）智能餐超提供的座位太少，只有提供4~5个就餐座位，不利于顾客在店就餐。

（4）现在智能餐超并未达到完全无人的形式，一般都需要讲解人员进行讲解，而且此餐厅比较适应于年轻人群，不利于老年人就餐。所以，智能餐超不可能完全代替传统的餐饮行业，只是提供了一种新型的就餐形式，为顾客提供多种选择。

（5）智能餐超是人们自行取餐的一家快餐厅。设备的维护成本较高，需要专业人士定期检查和设备维修，当设备出现故障时，智能餐超需要停业维护，造成的成本损失较大。

（四）智能化餐厅对传统餐厅的影响

互联网的大风一吹，传统餐饮业都着急了，传统餐饮人变得迷茫，不知走向何方。很多传统餐饮人在观念和心态上害怕跟不上时代的步伐，除了与时俱进，别无选择。而对未来将会面临何种严酷的竞争环境也不得而知，眼下最重要的是在变革中站稳脚跟，把握发展机会。在营销方面，无论经营哪个行业，若是企业的经营模式还是老一套，不加以改变，长久下来会在激烈的竞争条件下被代替。只有跟随时代的发展，利用互联网+的营销方式进行经营，才不会被远远地甩在身后。智能化餐厅的发展给传统餐饮业带来了强大的危机感，催促着传统餐厅在技术上不断地更新变革。首先我们将前文的西贝莜面村和智能餐超的智能化做一下比较，两家餐厅智能化创新上有着异曲同工之妙，都可以在到店之前预点餐，但是两家也有着本质的区别。西贝莜面村主要是到店前进行点餐，到店后吃完扫码秒付，而智能餐超是进店前点餐付款，到店后直接取餐。西贝莜面村的成功在于会员制，通过会员来吸粉，刺激顾客的二次消费，但是人员成本还是占很大比例，并未有过多的改变，而智能餐超的智能化使人员成本大大减少了。如果西贝莜面村完全复制智能餐超的智能化，也采用无人服务的模式，它将如何经营？如今有很多的传统餐厅盲目地利用智能化经营导致失去了自己的传统品牌与爆点，从而引起人们的质疑声。例如，老字号烤鸭店全聚德，在智能化的鞭策下，不断地进行创新，研究开发出一种智能化的微电脑对烤鸭进行烤制，使烤制出的烤鸭批量化、标准化。虽然跟上了智能的步伐，但同时也引起了顾客的质疑，顾客认为无区别的烤鸭丧失了对文化的传承，失去了老字号的品牌意义。我们可以看出在智能化的时代下，餐厅不仅需要创新，同时也需在传统面前坚持自我，保持老字号的特色，找到传统与创新的平衡点，直击消费者的痛点，吸引顾客，获取利润。

（五）结语

随着科技的发展，智能化餐厅逐渐兴起，除了降低人工成本、提高经营效率外，也是餐饮业差异化经营破解同质化的一种方式。"无人餐厅"只是传统餐厅的升级版，并不能取代原有的餐饮模式。"无人餐厅"即便是大势所趋，普通的消费者也不会因为无人餐厅的兴起而摒弃传统餐厅。有一位私房菜老板说："作为传统餐饮企业，目前能做好的就是两件事情：一是菜式，二是服务。智能化技术能够复制，但厨艺和菜式的味道难以复制，把自家菜式做到独一无二的好，再多技术和花哨的装饰都没用。还有，餐饮本身就是一个服务性行业，无人服务是新潮，但新鲜过后难免想要回归服务，要为消费者提供更贴心、周全的服务，让他们觉得物有所值。"这个时候，相比于就餐成本，就餐时的不一样的体验反而成了左右消费者选择的首要因素。在这时人们会更加在乎定制化的服务，所以如何平衡智能化和传统服务才是制胜的关键。

（本部分执笔：崔文君、张原源、庞德慧）

四、无人餐厅——是噱头还是近未来

【摘　要】 2016年是"共享经济"遍地开花之年,而2017年"无人经济"则层出不穷。各大公司纷纷将自己的目光投向了无人经济。然而什么是"无人经济","无人餐厅"又是什么?本案例将深入探究无人餐厅的前世今生,分析无人餐厅目前的困境以及未来的发展趋势。但不可否认的是,无人餐厅正在一步一步改变人们的消费习惯,不断挖掘人们潜在的需求。

【关键词】 无人经济;餐饮;消费习惯

(一)引言

2017年10月10日,杭州云栖大会蚂蚁金服ATEC展区的未来智能餐厅"开张"首日,浙江省省长袁家军和阿里巴巴董事局主席马云一起体验了"无人"招待的未来智能餐厅。11月21日,阿里巴巴旗下本地生活服务平台口碑宣布开放无人餐厅技术,为广大餐饮商家提供包括智能点餐、智能推荐、服务通知、自助取餐、自动代扣、用餐评价在内的全流程解决方案。与此同时,德克士与微信支付联合打造的全国首家"无人智慧餐厅"正式亮相上海。这家店不仅在装修上颠覆以往的印象,还加入了超多黑科技,主打"无人自助式"体验服务,这家德克士"无人智慧餐厅"主要就是通过微信支付,来构建的智能点餐系统。无人餐厅开始成为各大公司抢占的高地,越来越多的公司开始加入到无人餐厅的战场中。

其实,早在2015年,无人餐厅已经初露锋芒,美国一家卖沙拉的餐厅Eatsa在旧金山开业,它颠覆了传统的餐厅模式,在餐厅里看不到一个员工,连服务员都没有。整个点餐、取餐流程都由顾客自行操作,依靠机器自动完成。

"无人经济"顾名思义是指无人值守服务,通过自动付款实现无人售货,从现今出现的行业来看,主要分为三种类型:一是零售类,包括无人便利店、自助贩售机、无人煮面机等;二是娱乐类,包括迷你KTV、娃娃机等;三是生活类,包括无人旅馆、智能快递柜、无人汽车等。[①] 而无人餐厅则是在无人经济的基础上形成的"无人经济+餐饮"的形式，所谓的无人餐厅，即完全去掉人工，无采购员、无厨师、无收银员、无服务员的"四无餐厅"。也就是说，从源头开始去掉了采购员，通过供应链系统及数据分析完成食材采购；餐厅后厨不需要厨师，通过产品标准化及供应链配送至门店；顾客点餐、下单、支付等流程通过手机完成；取餐则采用语音叫号，移动端推送。未来的无人餐厅将没有纸质菜单、没有点餐员、没有收银员、24小时营业。[②]

随着技术的不断革新，更多的技术将应用到无人餐厅里，到底消费者需要的是什么，是一时的新鲜感还是需要精致的服务？面对餐饮服务的属性，完全的无人餐厅到底是噱头还是我们触手可及的未来？本质上看，无人餐厅确实可以在很大程度上降低成本，也在某些方面优化了顾客体验，但就其本身而言还存在着大量的问题。本案例将探究无人餐厅目前的经营模式以及存在的问题，并预估未来无人餐厅的发展趋势。

（二）无人餐厅模式

无人经济刚开始崭露头角，无人餐厅更是被推到风口浪尖，但就目前来说还是处于起步萌芽阶段，还没有形成一套完整的模式。目前来说，有四种无人餐厅模式。

1. 完全的无人餐厅

模式：移动端和点餐机取代点餐员，移动支付替代收银员，电子菜单、语音叫号、移动端推送替代服务员，大数据分析和供应链管理系统替代采购员，产品标准化替代大厨。

代表：人人湘、阿里口碑餐厅、德克士未来店等

流程：

（1）进店刷手机

顾客第一次来到"无人餐厅"需要先用手机端扫码授权，刷手机确认身份。

（2）落座

"无人餐厅"的桌面实际上就是一个触摸显示屏，顾客入座后，系统自动识

[①] 孙晓鸥.论"无人经济"的发展空间［J］.全国流通经济，2017：64-66.
[②] 新尚设计.无人餐厅存质疑，餐饮智能化未必是好结［EB/OL］.（2017-10-12）［2018-01-16］.www.sohu.com/a/197603931_455236.

别身份，然后通过轻触桌面或手势动作，即可打开智能点餐界面进行点餐。

（3）点餐

桌面显示屏上，菜品的单价和详细信息，如式样、主料、辅料、口味等都一览无遗。点餐界面还支持多人同时操作。还可以备注"要不要辣椒""要不要香菜"等口味信息。智能屏幕还能记住你的历史点餐记录，根据你的喜好进行个性化推荐。

（4）结账

吃完饭后会自动为你埋单，全程可以不用点餐员和收银员，这种支付方式叫作"无感支付"。

2．"未来餐超"的无人售餐机

模式："未来餐超"以售货机的形式将餐饮放入收获机内，在屏幕上点餐支付，然后取餐即可，餐饮是准备好的并能及时更新补充，有很好的保温和加热系统，有小区域可供用餐。集中于写字楼商场之间，目标客户为白领等上班人士。"未来餐超"宣扬一日三餐健康饮食，推崇这种生活习惯，它们同时保证效率，健康的美味便当10秒出餐，研磨咖啡50秒左右，定制现烹也会在90秒出餐，它正在引领时尚新生活的开始。

代表： 未来餐超

流程：

（1）点餐

顾客进店后，会在售餐机的屏幕上点餐，根据喜好选择自己需要的餐饮，餐饮也是可视的。

（2）付款

选完餐后，有个可支付的界面，可用互联网支付工具进行结算。

（3）用餐

取完餐后，可在店内用餐，也可以带走。

3．智能化餐厅系统

模式： 仅运用智能餐厅系统。虽然都是能够实现餐厅智能化的一种技术，但智能餐饮系统仍保留了部分人工服务，只在餐厅各方面管理上进行了技术优化。智能餐厅系统自身具备餐厅自助点餐、服务呼叫、后厨互动管理、前台收银、预订排号以及信息管理等系统功能，有些餐饮系统甚至已经实现了供应链管理功能。智能化能够帮助企业降低人工成本，提高运营效率及顾客体验，达到方便管理者经营管理的目的。

代表：绿盒子煎饺门店

4. 无人点餐机

模式：只是有一个无人的点餐系统，可在屏幕上点餐避免排队造成的时间浪费。

代表：肯德基、麦当劳等

流程：

（1）在屏幕上选择自己需要的餐饮。

（2）选完后结算付款埋单。

（3）拿上取餐码等待叫号取餐。

（4）吃完后随即离开。

（三）无人餐厅的挑战

无人餐厅越来越火，逐渐变成一种企业为吸引眼球的噱头，无人餐厅确实可以在很大程度上降低成本，但就其本身还存在着大量的问题。

1. 从商业效率来看，各种无人餐厅是否真的能提高效率、降低成本

无人餐厅的成本优势是节省人力成本，比如24小时餐饮店一天需要的员工有7~8人，但无人餐厅只需要一些基本的人员，这样就节省了大量的人力资源，节省人力的同时也节省了大量的成本。虽然如此，无人餐厅会在其他一些方面增加成本，比如目前的设备成本和研发成本是一个重大的支出，另外在运营方面会有更多的投入，为了防止一些破坏和投诉等。这样一来，无人节省的成本会在另一些方面增加，前期的投入、宣传、竞争也会耗费大量的成本。无人餐厅是否真正行之有效还是需要时间去印证。

2. 从社会就业角度来看，无人餐厅会造成大量的失业问题，机器正在逐渐替代人工[1]

无人餐厅更多是取代服务员、收银员等岗位，但一个服务员、收银员的工作可能最多只占整个餐厅工作量的25%左右。像销售管理、售后服务、现场烹煮等，都是要有人在岗的，这些人工是很难被取代的，餐厅前端工作可以被取代，

---

[1] 单仁资讯. 猝不及防！腾讯和阿里开始玩"无人餐厅"了，无人时代要来了吗？［EB/OL］.（2017-11-27）［2018-01-16］.http://www.sohu.com/a/206863304_131088.

后端工作还是需要一些人工的。也就是说，各种人工智能设备所能取代的是那些标准化、重复性的工作岗位，而那些非标准化的岗位短时间内很难被替代。

服务员、收银员等属于第三产业的服务人员，他们本身不需要太多的技能化的东西，但这些人员占据我国第三产业的大部分劳动力，无人餐厅的发展必然会淘汰掉大部分的劳动力。如今，大量餐厅采取的标准化的中央厨房已经取代了大部分厨师的工作，一些技能化的工作也逐渐实现标准化，大量厨师等厨房相关工作也将会被机器取代。这样下去，会使得我国的失业率不断升高，进而影响民生。

3. 从人文情感角度来看，餐饮的属性有服务的成分，人和人的交互使得餐饮更具有人文关怀，无人餐厅恰恰缺失了这部分属性

日本电视剧《深夜食堂》讲述的是许多发生在一家深夜小饭馆的故事。这家饭馆被人们称作"深夜食堂"，菜单上面只有猪排套餐和酒，老板可以根据客人的要求利用现有的食材做出各种料理，而且还会和客人一起带出一个个充满人情味的故事。餐饮是有情怀的，人和人的交互会提升顾客的体验。餐饮的最大魅力在于互动性的体验，无人餐厅是和机器交互，冷冰冰的屏幕面板给人们一种冰冷的体验，缺少了一丝人文关怀。

对无人餐厅的应用需要看不同的人群、不同的餐饮和不同的场景。如果是需要快速就餐的上班族，无人餐厅无非是他们最好的选择。如果是正餐，若是约会的情侣，人性化的服务才更加体面，传统餐厅才是最好的选择。所以，如果运用无人餐厅模式或是引入机器人，顾客应该跟谁交互服务？无人餐厅却恰恰丢掉了餐饮的服务属性。最终餐厅的模式设计还是应该建立在对消费者的理解和洞察上，要让顾客感受到更人性化的服务。如果是快餐，则应该根据场景变动，什么时候通过技术减人，什么时候加人，都应该有标准。

总体上来看，从餐饮行业的特性和未来发展趋势来说，为降低人工成本、提高效率、提升顾客体验，无人餐厅会是未来发展的重点和方向。人人湘 CEO 穆剑也指出了无人餐厅在运营中存在的几个问题：一是顾客点单时少了人工下单的推荐和营销话术，客单价比同类餐厅低了 6 元左右；二是库存量单位多会增加点单时间、影响翻台率；三是餐饮行业特性下"纯无人服务"模式可能走不太通。

无人餐厅目前还处在起航阶段，更多的是一种概念，虽然已经有很多报道，也有一些实际的案例，但想要付诸实践还需要一段时间的酝酿，餐饮的"无人"

运作还有一段路要走。比如餐饮特性要求有一定服务，需要人工，完全的无人似乎走不通。比如品牌认可度，知名品牌做"无人"虽然说可以被接受，但与有人的餐厅相比品质上的保障会存在问题。比如模式，目前小吃类产品的热干面、凉皮等模式比较适合做"无人"模式，而正餐火锅仍需要人工服务。

（四）无人餐厅的未来趋势

尽管现在无人餐厅还有很多不完善，但从行业的前瞻性和未来性来说，"无人餐饮"是有前景的。从常规的售卖到新零售有两种过渡，一个是产品新零售，另一个是无人餐厅。而改变餐饮行业的三大因素（资本、人才、技术），无人餐厅就是在这三个方面改变餐饮行业——降低成本、减少人工、推广新技术来提升品质。

趋势一：无人餐厅"有人"辅助"无人"

人所代表的是有温度的、非标准化（即个性化）的服务，这才是与人打交道的零售或服务企业的核心竞争力。无人餐厅不能完全没有人，需要有人在顾客需要的时候提供服务，这一项是不能丢掉的。

现实中，很多餐厅总觉得自己的人员繁冗，总想着削减员工降低成本，但其实人力永远都不会被浪费，关键看你如何运用他们。麦当劳很早就推出了自助点餐机，但他们并没有削减员工，而是让他们在其他方面发挥作用来提升顾客的体验。麦当劳推出了"送餐到桌"的服务以及更多免费活动，让这些人去做送餐员、活动接待员，从而提升自己的服务品质。

趋势二：无人技术将越来越多地应用于小吃、快餐等餐饮种类

无人餐厅主要依赖于技术的革新来降低人工的使用从而提高效率，然而技术的缺陷也十分明显，缺乏服务和人文关怀。无人餐厅可以应用于小吃、快餐这类无需服务、节奏快的餐饮类型，而正餐、火锅、高档餐厅这些类型则需要大量的人工服务，此时人们更享受的是餐厅的服务。就像海底捞一样，他们所推崇的顾客至上，使优质的服务吸引了大量顾客，也形成了极致的口碑，有利于培养顾客的一种习惯，积累客源。所以无人餐厅的应用需要看场景和餐饮类型，并不是所有的餐饮类型都适合无人。

趋势三：无人餐厅种类更加多样，满足个性化需求

目前所说的四种模式也还只是概念上的东西，具体的应用还需要一段时间的实践，但无人经济的爆发会催生出越来越多的无人餐厅公司，人们的需求多样，

针对不同的人群，每个公司总能在无人经济的浪潮中崭露自己的头角。随着技术的不断更迭和出现，新技术用来满足更加高级的需求，无人餐厅会不会被机器人所取代呢？机器人能不能拥有人的情感呢？这些看似科幻的场景在未来也有可能实现。

趋势四：餐厅的"无人"属性将会进一步加强

目前的所谓无人餐厅只不过是减少了一些就餐前的流程，比如点餐、送餐等。并且，它只能提供了一些简单的快餐，这些餐饮都是在客人点餐之前，店家制作包装好之后放到机器里面的，机器也只不过是起到一个存储功能而已。而真正的智能餐厅应该是除了购买食材之外，从清洗、切菜、制作、包装、到最后的送餐全程智能化。只有这样的一整套，才能算是真正的智能化、无人化。而在现在，这样的技术也只存在于云端。

趋势五：无人餐厅并非要取代传统餐厅，而是相互补充

无人化餐厅和智能化餐厅虽然会取代一部分传统餐厅，但是它不可能完全地取代传统餐饮这个有服务属性的行业，不仅仅是餐饮，还包括其他的服务业也是机器无法取代的。智能化和机器最多是减少部分人工，真正的餐饮服务功能无法取代。无人餐厅所代替的餐饮领域也是小部分的，大部分的餐饮领域还是需要大量的人员进行服务的。因此，它们不会相互替代，而是互相补充，从而满足更多的消费需求，提升消费体验。

（本部分执笔：程家鑫）